董学与儒学辨正系列

唯实主义

张珂 著

人民出版社

责任编辑:雍　谊
封面设计:徐　晖
版式设计:刘　禾

图书在版编目（CIP）数据

唯实主义 / 张珂著 . —北京：人民出版社，2020.6
ISBN 978-7-01-021863-2

Ⅰ.①唯…　Ⅱ.①张…　Ⅲ.①唯实论　Ⅳ.① B503.2

中国版本图书馆 CIP 数据核字（2020）第 027598 号

唯实主义
WEISHI ZHUYI

张　珂　著

人民出版社　出版发行
（100706　北京市东城区隆福寺街 99 号）

北京新华印刷有限公司印刷　新华书店经销

2020 年 6 月第 1 版　2020 年 6 月北京第 1 次印刷
开本：880 毫米 × 1230 毫米 1/32　印张：6
字数：160 千字

ISBN 978-7-01-021863-2　定价：36.00 元

邮购地址 100706　北京市东城区隆福寺街 99 号
人民东方图书销售中心　电话（010）65250042　65289539

作者简介

　　张珂，字无可，笔名风隐。先后毕业于国际关系学院、北京大学和英国剑桥大学，获博士学位。在伦敦、纽约和香港等国际投资银行界工作多年，曾任香港上市公司总裁。多年来笔耕不辍，致力于哲学、历史学和诗词创作。现为沈阳城市学院客座教授及特邀研究员，辽宁周易协会副会长。已出版诗集《时间的夜影》和《时间的沉沙》。

目　录
CONTENTS

自 序

本书旨在提出唯实主义（Factualism）。唯实主义是以事实性（Factuality）为核心概念的历史哲学方法论。唯实主义同样适用于哲学史和思想史的研究，哲学史也是唯实主义的重点研究领域。

事实性并不是新的哲学范畴，与它相关的概念在古今中外皆有很长的历史，例如实事求是。在中国古代典籍中最早提出实事求是一词的是《汉书》。据《汉书·河间献王传》记载，河间献王刘德"修学好古，实事求是"。实事求是遂成为成语，从此在史书中屡被提及，一些严肃的历代学者也将其视为治学的指导原则之一。但是，历来对于事实性的理解仍然停留在常识的层次上，还没有真正跨入哲学的门槛，至今还没有一门哲学对其进行过深入的研究并形成系统的理论和独立的方法论。在西方近代哲学中，真理是个重要的命题，但是真理与事实性虽有交叉之处，却是不同的命题。真理强调的是人的某些认知和理念的绝对正确性，并不是针对事物的事实性的。实证主义强调科学，但视野局限在自然科学领域，否定社会科学尤其是哲学中存在的科学性，也没有看到历史学和哲学史中也存在着以科学精神来深究事实性的必要性。西方现代哲学偶尔会提及事实①，却并没有深入到事实性的深度加以探究。总之，事实性作为一个哲学命题还没有被真正提炼

---

① 例如，美国哲学家纳尔逊·古德曼（Nelson Goodman）的 *Fact, Fiction, And Forecast*，美国哲学家希拉里·普特南（Hilary Putman）的 *The Collapse of the Fact/Value Dichotomy* 等。

出来并加以系统性的深入探究，更没有形成独立的哲学和方法论。

本书探讨了事实性的本质，设立了事实性的三个标准，提出了由唯实解构和唯实重构组成的唯实双构的方法。在此基础上，针对事实性类型的不同将唯实主义展开为历史唯实主义和观念唯实主义。

哲学和方法论是互不可分的，哲学的思考和创新离不开方法论，方法论往往是哲学思考和创新取得突破的关键，并且方法论本身就是哲学，没有深刻的哲学素养是无法深刻领悟方法论的，更不要说在方法论上进行创新了。

唯实主义的提出有充分的必要性。唯实主义对于事实性的系统研析可以为历史学研究提供一个新的视角，提出新的思路，获得新的研究成果，从而丰富历史学研究的方法论，而对于哲学史和思想史的研究可以填补方法论上的空白。

唯实主义也为历史学和哲学史及思想史获得真正的独立性提供了一个技术上的可能性。这就是唯实主义的非当代史／现代史原则和非意识形态原则。这也可称为是历史学的方法论所未曾做过的一个尝试。

历史唯实主义是针对历史事实的历史学研究的方法论。古今中外的历史学的方法可谓是源远流长，学派众多和相当丰富的，这是不可否认的。但是这种状况却难以掩盖历史学的方法论仍然处于困境和具有不同的缺憾的事实。这种缺憾来自两个方面，一是历史学研究的方法仍然处于"顺其自然"的"自发性"阶段，缺乏严谨性，还没有抓到历史学研究的真正核心，即事实性；二是历史学受政治和意识形态的影响十分巨大，难以获得独立性，这妨碍了历史学的客观性和公正性。而同一性、客观性、公正性和科学性都必须以事实性为前提和基础，这也是唯实主义的重要使命之一。

观念唯实主义是针对观念事实的哲学史和思想史研究的方法论。西方和中国对于哲学史研究的方法都是以哲学观念史为主导的。所谓的哲学观念史就是以哲学概念和理念为主线按照历史顺序来叙述的哲学史。在德国和西方具有广泛影响的、被视为经典的哲学史著作如黑格尔洋洋洒洒的《哲学史讲演录》和文德尔班的《哲学史教程》等都是哲学观念史。另一种更为大众化的哲学史编撰方法是以哲学家为线索来叙述西方哲学史，例如英国哲学家罗素著名的《西方哲学史》和现代西方流行的西方哲学史著作。实际上，以人物为线索的哲学史仍然是哲学观念史，只是它稍微强调了一下哲学家的生平和个人特质。

从历史的角度来看，中西哲学史研究所采取的方法论仍然是哲学观念史的研究方法，这种方法古已有之。中国古代长期以来并没有明确而自觉的哲学史研究和编撰意识，直到明末清初黄宗羲的《明儒学案》才出现独立的哲学史著作。学案体虽然强调传承和师传，然而实际上哲学概念和范畴是其唯一的线索和逻辑，这是明显的哲学观念史方法。即使是这样的方法在全祖望完成《宋儒学案》之后也没有得以继承。与此相似，哲学观念史研究法在西方经黑格尔的《哲学史讲演录》而在近现代成为西方哲学史主流的甚至唯一的研究方法。

中国古代哲学自西汉后期以来有章句训诂的研究方法，到隋唐时期发展为注疏法，其目的旨在解经。章句训诂和注疏法在清朝的乾嘉时期达到成熟和最高点，中国古代哲学的典籍得到了系统而全面的整理和注释，为中国古代文明的传承作出了不可磨灭的历史贡献。然而随着中国传统文明形态的终结，这些传统的治学方法也基本上走到了尽头。在中国哲学史有意识地作为一门学科而存在的一百年来，还几乎谈不上方法论上的创新与突破。冯友兰的《中国哲学史》以及作为高校教科书的各种《中国哲学史》

等同样都是哲学观念史。胡适虽然强调对中国哲学史材料进行考据的重要性，但是他显然更多地受到来自西方哲学史的影响，在价值观上体现出强烈的全盘西化立场。冯友兰对于哲学史研究方法的讨论仍然是观念史，没有超出黑格尔的范围。虽然冯友兰对于董仲舒哲学提出了一个十分著名的论断，即认为董仲舒终结了先秦子学时代，开辟了经学时代，但是却停留于此，没有进一步深入剖析中国哲学史的内在机理和逻辑线索。

中国哲学史具有几千年的辉煌历史，也曾经有阴阳哲学这样的哲学方法论。阴阳学在上古时期便开始形成了，《周易》便是以阴阳观为方法论基础演绎出来的。阴阳观成熟于董仲舒哲学（董学），上升到了阴阳哲学。阴阳哲学在北宋初期得到了进一步的发展，形成了太极理论。然而作为方法论的阴阳哲学并不能涵盖所有的事物和现象，其二元论的解释方法也有些简单，对于复杂事物无法给出合理而令人信服的解释。另外，在先秦哲学中中国哲学便出现了辩证法，阴阳观就是一种辩证法。董学中充满了丰富的辩证法思想，除了阴阳哲学之外，系统论思想也初具规模，被应用到了董学哲学体系的构建之中。但是，这些哲学方法论的种子在中国哲学中并没有得到有效的继承和发扬光大。北宋初期之后，阴阳哲学和太极理论便停滞不前了，逐渐沦落为算命的方法。系统论的思想也始终停留在董学的水平上，鲜有人提及和应用。这使得中国哲学在方法论上裹足不前，有许多基本的方法得不到系统化的整合，例如比较法。

中国哲学史上对于比较法的应用比比皆是，但却并没有对比较法进行哲学提炼，没有建立起比较的统一标准，也没有提出进行哲学比较的系统方法。虽然西方近现代出现了比较哲学，但是它却将范围严格地限定在了对不同文明体系之间的哲学思想进行比较的狭窄区域内。

唯实主义提出了唯实比较法，试图为比较法设定一些统一的原则，为比较法找到坚实而一致的基础，为比较法赋予科学性。

唯实主义的应用范围比较广泛，可以应用于历史学和哲学史/思想史的重构，这种重构既适用于中国历史、西方历史和世界历史，也适用于中国哲学史、西方哲学史和其他文明体系内的思想史的重构。

哲学是一个文明形态的灵魂，哲学代表着一个文明形态的价值观。要真正了解中国古代文明和历史的本质就要从中国哲学史入手。

唯实主义强调根据事实性来重新审视中华文明中国历史和中国哲学史。如果跳出了那些长久以来被奉为圭臬的窠臼和思维定势，能够在方法论上取得突破，根据唯实主义的原则来重新审视和分析中国哲学史，或可以破解中国哲学史的许多谜团，通过拨乱反正来消除各种陈陈相因的错误，为达到将中国哲学史的研究置于公正、客观和科学的基础之上的目标提供新的线索和方法，从而为中华文明的再次崛起提供坚实的哲学和历史学的动力。

本书是作者寒窗苦读和深入思考十几年之后慎重再三提出的论断。作者自认为该书的方法、论证过程诚实、厚重和实在，立论有事实依据，值得深入推敲，才敢于不揣粗陋和冒昧在业界专家和世人面前抛出以便进行商榷和探讨，实乃抛砖引玉之举，望专家和读者能够包容、指正。

张　珂

2016 年 1 月 18 日

第一章 哲学史方法论的不足

如果中国哲学史的研究需要进一步深入整合，那么首先面对的困难就是方法论的不足，率先要加以解决的难题就是方法论的创新。

方法论对于任何一门学科的生成、存在、发展和发扬光大都是一个重要的要素，起着关键性的作用。方法论既是哲学研究的工具，也是哲学本身。说方法论是工具，是因为它确能起到工匠手中工具的功能，而是否有可靠和有效的工具直接关乎工作是否能够得以启动，工具的质量和是否顺手直接关系到工作进展的程度、能否得以完成以及完成的质量。例如，如果没有显微镜这个工具，那么微生物学或许不会作为一门独立的学科存在，显微镜的作用是方法论对一门学科的重要性最好的诠释。一门学科要取得突破，方法论上的创新和突破是不可或缺的先决条件。对于哲学来说，好的工具能够提供全新的视野和经验，是取得认知突破的必要条件。康德说："如有任何事物可当方法之名，则必为一种与原理相合之进行程序。"[①] 康德对于方法论在哲学中的地位的阐述还是相当含蓄的。

说方法论是哲学本身，是因为方法论的创建本身就是一个充满了高度哲学思辨和艰辛的哲学探索过程，不具有深刻的哲学素养和创新能力是无法创新出方法论的。对于一个哲学体系来说，特定的方法论是其显著的标志，也是最能够体现其本质、能力和深度的重要维度。黑格尔说："方法并不是外在的形式，而是内

---

① ［德］康德著，兰功武译：《纯粹理性批判》，商务印书馆 1960 年版，第 578 页。

容的灵魂和概念。"①黑格尔的这句话说明了方法论本身就是哲学理念的核心组成部分。

中国古代长期以来并没有明确而自觉的哲学史研究和编撰意识，直到明末清初黄宗羲的《明儒学案》，才首次出现独立的哲学史著作。学案体虽然强调传承和师传，然而实际上哲学概念和范畴是其唯一的线索和逻辑，奉行的是明显的哲学观念史方法。即使是这样的方法在全祖望完成《宋儒学案》之后也没有得以继承。

在中国哲学史有意识地作为一门学科而存在的一百年来，还几乎谈不上方法论上的创新和突破。因此，中国哲学史要取得真正的突破，达到能够客观、公正和科学地来看待、分析和评估各种哲学思想，方法论上的创新和突破是必不可少的前提和基础。

从黑格尔开始，西方的哲学史研究方法始终是观念史研究法。所谓的哲学观念史就是以哲学概念和理念为主线按照历史顺序来叙述的哲学史。在德国和西方具有广泛影响的、被视为经典的哲学史著作，如黑格尔洋洋洒洒的《哲学史讲演录》和文德尔班的《哲学史教程》等所采用的方法都是哲学观念史。黑格尔针对哲学史作为历史学和哲学的综合和交叉学科的特性和如何处理哲学史史料等问题进行了讨论，这些是有益的探讨，但这并不能改变哲学观念史并没有哲学方法论的状况。另一种更为大众化的哲学史编撰方法是以哲学家为线索来叙述西方哲学史，例如英国哲学家罗素著名的《西方哲学史》和现代以及当代西方流行的西方哲学史著作。实际上，以人物为线索的哲学史仍然是哲学观念史，只是它稍微强调了一下哲学家的生平和个人特质。

哲学观念史是以叙述性为主要方式的哲学史研究和编撰方

---

① ［德］黑格尔著，贺麟译:《小逻辑》，商务印书馆 1980 年版，第 427 页。

法，它可以以"流水账"的方式事无巨细地记述所有哲学史中的概念、范畴、理念、理论、体系和人物，是比较容易让人理解的方法。不可否认，哲学观念史是必要的哲学史研究和编撰方法，但是它不应该是唯一的方法；它是基本的方法，却不一定是最能够挖掘出哲学史本质和真正意义的方法。例如哲学史的立体性、特定文明形态和国家哲学史的结构性及其真正的意义和价值便无法通过单纯的哲学观念史被充分地挖掘和呈现出来。哲学观念史虽然具有包容性，但是它却在一定程度上缺乏原则性，使得哲学史缺乏思辨性，尤其是这种方法使得哲学比较始终处于自发性和随意性的状态之下，无法形成严谨的科学性。

在西方哲学的后现代阶段，在哲学史研究方法上也试图突破传统的窠臼，其中最为典型的是法国哲学家德里达的解构主义。然而从严格意义上看，解构主义并不是一种成熟的哲学史研究方法论，它的目的是要从语义学的角度来破坏古典哲学的逻辑性，而无力提出从正面构建哲学史的方法。与其他西方后现代哲学一样，解构主义是西方哲学在陷入了无力自拔的困境中之后的一次无奈的挣扎。

正是因为方法论的不足，才有了创新的必要，正是哲学创新之不易才更要努力创新。哲学方法论的创新虽然是哲学和哲学史取得突破的必由之路，然而它却是十分困难和艰巨的过程，不仅需要对一个学科进行大量的知识积累，更需要具有深刻的领悟力。同时，创新并不等于有效，创新或许仍然只是在误区中新的挣扎。成熟的创新不仅需要符合逻辑和体系性的完善而且需要在实践中被反复地应用和锻造，以便得到不断的改进和完善，最终能够真正地解决认知上和实践中的各种难题，破解历史上的误解和谜团。如何客观、公正和科学地研究哲学史，包括对不同的哲学体系的比较，这是哲学史的基本任务。

笔者不揣冒昧地尝试提出一种进行哲学史研究的方法论——唯实主义的研究法。

唯实主义是一般性的历史哲学研究法，它有三个基本立场，即立场上的客观性、态度上的公正性和方法上的科学性，其目的是要建立起符合观念事实的客观、公正和科学的哲学史。以事实性为核心的唯实主义是哲学比较的前提和基础，建立在唯实主义基础之上的价值观和价值体系则是鉴别哲学思想和哲学体系的本质和根本。

第二章　唯实主义

唯实主义（Factualism）是在哲学的层面上对事实性（Factuality）进行系统性的分析和整合的方法论。从其本质和功能上来看，唯实主义是一种以事物的事实性为核心范畴和最高指导原则的哲学方法论。

事实性是指事实的发生、存在和运动的真实状态和过程。如果事实是一种现象的话，那么事实性就是这种现象的表现和认知主体对它的反映和接受。至于事实发生的性质及其本质则是另外的哲学命题，与唯实主义的事实性没有直接的逻辑因果关系。也就是说，唯实主义的最高和核心范畴是事实性本身，而不是有可能决定和影响事实性的背后因素、未来结果和背后的逻辑动因。

本章集中于从哲学层面上来阐述唯实主义，从而牢固地确定唯实主义的形而上学基础。

第一节　事实性的分类

一、事实的种类

从宏观上看，唯实主义认为事实有两种，分别是关于自然界中的客观事物的事实，即自然事实，和关于人类自身的事实，即人类事实。

行为主体的数量折射着行为的性质，是判断人类行为的一个重要指标。从人类行为主体的数量上划分，人类事实包括关于人类个体的事实，即个体事实，以及关于人类社会的事实，即社会事实等两个亚类。

从本质上看，人类事实就是行为事实，即以各种形态的人为行为主体所产生的事实。行为事实包括观念事实和行动事实。观念事实是通过语言文字等载体表现出来的相对成熟和明确的认知观念。以个人为行为主体的观念事实在哲学领域的表现就是哲学观念事实。个人的哲学观念事实的历史就是哲学观念史；以国家为行为主体的哲学观念事实则是国家的认知，就是国家意识形态。行动事实是通过人的具体行动所表现出来的事实。个人层面的行动事实是个人行为事实，国家层面的行动事实是国家行为事实。

从时间维度来看，行为事实包括历史事实和进行中的行为事实。进行中的行为事实是正在发生的或者刚刚发生过的行动事实；历史事实就是已经发生过一段时间，已经进入了历史学范畴的行动事实。

二、实证性事实和非证伪性事实

如果用自然科学的标准来审视事实性，我们可以发现两种不同性质的事实：具有实证性的事实和非证伪性事实。

具有实证性的事实，简称为实证性事实，是指在一定的外在条件下可以准确地加以预见和完整地加以复制的事实。也就是说，准确的、机械性的、可预见性和可复制性是实证性事实重要的规定性。实质性事实是自然事实。自然事实是实证性事实，这是自然科学能够成立和不断发展进步的前提和基础。具有实质性的事实来源于自然事实对于客观环境的惰性的反应方式。惰性的反应方式就是被动性的、简单的反应方式，只要客观环境相同，自然事物就会作出自然事实性的反应。

非证伪性事实是指具有表现形式的多样性和不确定性，并且无法被机械地和准确地预见和复制的事实。相对于自然科学的方法，非证伪性的事实具有两方面的特征：一方面它是无法被证明的，因为它不具有准确的和机械性的可预见性和可复制性；另一方面，它也是无法被否定的和证伪的，而且其不可预见性和不可复制性是自然科学的方法所无法否定和证伪的，也就是说，虽然自然科学方法下的可预见性和可复制性对于这种事物是不存在的，但是行为的逻辑链条是存在的，其事实性也是不容置疑的。非预见性和不可复制性并不能反证事实性的存在性和有效性。非证伪性事实的本质在于主观能动性。主观能动性把握着认知，认知把握着行为，而这种行为是处于与客观环境永远的互动之中的。对于非证伪性事实，由于主观能动性的存在，人们无法确立固定的外在条件，也无法预知、限制和确立被考察物的内在状态，这就是无法对非证伪性事实进行准确预见和复制的根源所在。人的每个行为都是不同的，人类行为是最典型的非证伪性事实，因此人类事实是非证伪性事实。

与实证性事实不同，人类事实无法通过自然科学的方法加以准确预测和复制。与自然事实的被动反应性不同，人的行为是主观对于客观环境的综合判断的反应，也就是说，人的主观性和客观环境是两个永远处于动态过程中的变量。人的状态包括情绪、生理和心理状态等永远处于不稳定的波动之中，而客观环境同样处于不稳定的变化之中，这种主观和客观双重的不稳定性和变化性决定了作为行为主体的人对于自己与客观环境的互动永远是变化的、动态的和不稳定的。任何主观和客观相关因素的变化都会导致人对于自身需求的认知有所不同，都会敏锐地观察到客观环境诸要素的微妙变化而促使人作出不同的行为决策。人总是在变化中衡量自己的需求，在运动中观察客观环境的变化，在动态中把握自己的行为决定。因此，人的行为包括认知、决定和行动等步骤永远是个变量，永远不会原封不动地和机械地重复。虽然如此，人的行为的独特互动的特性并不从任何意义上削弱非证伪性事实的事实性。19世纪心理学的条件反射理论对于动物确实是存在的，但是对于人类来说它只是非证伪性事实一种在特定条件下的特例，一旦那些特定条件削弱或者消失，人的行为会很快恢复到非预见性和不可复制性上来。

中西方哲学对于事实性的认知各有侧重。西方哲学历来重视实证性的事实，而相对忽视非证伪性事实，甚至只承认前者而否定后者。西方哲学在19世纪后期兴起的科学主义运动试图用自然科学的方法、标准和原则来改造传统的形而上学和整个哲学，实际上是否定了事实性的多样性，将一切事实都看作是实证性事实，用实证性事实来代替人类事实的非证伪性。这种认知误区导致了扭曲的科学观，将这种科学观强行用于对哲学的解释和改造自然是行不通的，因为这本身就违背了科学精神。事实证明，用所谓的科学方法来改造传统哲学的各种尝试例如逻辑实证主义和语言哲学等都是失败的。相比之下，中国哲学则更加注重非证伪性事实，而相对忽略实证性事实。对于不同种类的事实性的侧重是中西方哲学的差异性的根源之一。西方哲学追求科学性，而中国哲学则始终关注于人类行为的变化规律，试图在动态中把握更加复杂多变的人类行为。

对于事实性不同种类的侧重并不会影响到唯实主义对于事实性的强调。唯实主义既适用于自然科学领域，也适用于社会科学领域，是这两个领域都应该加以遵守的基本的方法论原则和基础。

事实性与科学性有着天然的关联，阐明事实性与科学性之间的辩证关系是唯实主义的一个重要命题。唯实主义认为事实性是建立一切科学和理论的唯一和绝对的基础，不论是在自然科学领域，在人性领域还是在社会科学领域，人们都无法脱离事实性而建成科学的理论认知。

虽然如此，事实性却并不等于科学性。事实性是科学的前提、基础和准备，科学性是关于事实性的规律的归纳和应用，是事实性的下一站和下一个认知层次。否定、绕开或者怀疑事实性，以及无法建立起充分的事实性，都不可能建立起科学性，都无法达到科学的境界。

对于自然科学来说，只有在事实性的前提下和基础上人类才能够客观而充分地认识客观世界，才能够获得知识，人类关于自然界的认知才有可能具有可靠性、可信性和科学性。对于人性理论和社会科学来说，人类的认知只有以事实性为前提和目的，才能够进行认真而严肃的哲学思辨，才能够脱离纯粹主观性的玄学和臆想，才能够认清人性的本质和总结出人类行为的规律，从而构建出具有科学性的价值观念和哲学体系。

第二节　唯实主义的意义

唯实主义一切以事实性为依托和根据，事实性的性质决定着唯实主义的性质和方法。唯实主义在理念上十分明确，追求复杂性并不是唯实主义的目的。虽然在古今中外的哲学史中事实性并不是新的范畴，但是以事实性为核心理念的哲学方法论还并不存在。这本身已经体现了唯实主义的独特性和价值。

相比于实证主义和科学主义等西方哲学，唯实主义对于事实性的理解是不同的。唯实主义的事实性超越学科的限制，是一种力图在真正的、客观的哲学层次上把握住事实性的新的哲学方法论。唯实主义不认为只有自然科学才具有事实性和科学性，相反，唯实主义更加强调人类事实的事实性，认为在历史学、哲学史和思想史等领域内必须不折不扣地贯彻唯实主义的事实性原则，只有这样关于人类事实的人性理论和社会科学才能够真正获得实质性的发展。

唯实主义在历史领域表现为历史唯实主义，在哲学史和思想史领域表现为观念唯实主义，这些都是将唯实主义的原则和方法贯穿于具体的研究人类事实的领域的实践。

一、事实性与人类进步

在人类认知的历史进程中，对于事实性的把握主宰着人类的认知状态和认知水平。人类的认知起始于对于事实性的认识，科学的萌芽就是在这种最初的事实性的认知中孕育的。在人类的童年，虽然人们的行为实践能够使人类获得一些具体的生存技能，但是这些认知却是十分零碎的，此时的人类无力把握关于世界和自身的事实性，无法对于世界和人类自身进行抽象的思辨。而当人类要强行在更高层次上进行思考时，就只能产生各种扭曲的认知了，传说、神话、迷信和各种宗教于是成为主宰人类思维的重要形式。因此，可以说人类童年的认知是建立在对于事实性的无知基础之上的。

对于客观世界和自身的事实性的认知使得原始人类在与自然界的殊死搏斗中逐渐减轻自己的损伤和损耗，艰难地探索出适合自己生存的各种方式和方法，而对于在认知和实践中仍然无法把握的客观世界和自身的事实性，人类仍然付出了沉重的代价，这种状况至今依然如此。

根据唯实主义，所谓的进步就是人类对于客观世界和自身的事实性的认知能力和把握能力不断加强的历史过程。

二、唯实主义与宗教

人类历史上许多重大的认识路线上的误区都是因为违反了唯实主义的原则而引发的。基督教在柏拉图和亚里士多德的哲学中找到了一种逻辑依托，形成了经院哲学。但是，由于古希腊哲学的逻辑与事实性仍然相去甚远，经院哲学仍然无法经得起强调事实性的近代科学思维的质疑和冲击。

虽然近现代自然科学的博兴使人们摆脱了经院哲学的牵制，但是如何将以事实性为代表的科学精神与哲学有机地结合起来却始终无法在西方哲学中得以实现。从 17 世纪的英国哲学开始，西方哲学便开始了用科学来改造哲学的尝试，培根、洛克和休谟等人的经验主义虽然与事实性最为接近，却始终无法彻底地将科学融入哲学。德国古典哲学重于思辨性，康德进一步打破了传统形而上学的藩篱，然而黑格尔却再一次践踏了哲学的事实性基础，将康德所带来的进步抹杀掉了，德国哲学的思辨性失去了事实性的基础，似乎又回到了中世纪经院哲学单纯的概念演绎的思维方法的窠臼之中。

三、唯实主义与政治行为

在人类历史上，国家权力的掌握者经常利用国家权力的暴力性、威慑性和强制性以及对官方舆论渠道的垄断性控制而置事实性于不顾，出于国家利益、阶级利益和某些特定利益集团的需求按照自己的主观意愿来肆意对各种事件进行扭曲和篡改，不仅利用部分的事实性来代替整体的事实性，篡改事件的真实性和性质也是家常便饭。这就是赤裸裸的国家权力的作伪行为。希特勒的宣传部部长戈培尔的一句名言道破了其中的玄机——"谎言被重复一千遍便会变成真理"。日本法西斯在侵略中国和其他国家的每一个步骤都以谎言开道，将自己包装成受害者和自卫者，强调所谓的被迫性和自卫性，这显然都是在为自己的侵略、掠夺和屠杀编撰各种廉价的借口和伪装。作为法西斯的纳粹德国和日本毫无疑问将政府篡改事实性的功能发挥到了极致。被法西斯国家机器所不断重复的政治谎言没有能够变成真理，反而成为法西斯覆灭的耻辱柱和棺材上的钉卯。对事实性不同程度的扭曲成为意识形态不可或缺的组成部分，这种状态的存在并不都如法西斯国家般邪恶和不可告人，在很大程度上这是由国家的险恶的生存环境决定的，任何国家无时无刻都会有或明或暗的敌人和对手，隐瞒一定的事实性也是出于对国家利益的保护。

赤裸裸的国家权力的作伪行为是唯实主义需要加以警戒的一个重要方面。唯实主义强调非意识形态性，同时也将意识形态看作是事实性的组成部分。历史唯实主义和观念唯实主义的锋芒对国家权力在历史领域和哲学史以及意识形态领域内的作伪行为能够起到一定程度的揭示和警示作用。

但是，在另一方面，唯实主义则会督促国家行为尊重事实性。扭曲事实性或许会一时得逞，会在短期内服务于国家利益，但是谎言的积累会凝聚巨大的反作用力，一旦真相被揭开，事实性会变成滔滔巨浪冲击政权的合法性，许多政权正是由于谎言被揭穿而迅速解体。国家政权应该承认事实性，尊重事实性，将事实性置于阳光之下，按照事实性的原则来规范自己的行为。虽然这样做会造成短期的争议和不满，但是这些小的不满却是容易被化解的，它最大的优势是能够防止和避免谎言的积累。

四、对事实性的研究还没有明确化、具体化和哲学化

（一）实事求是是一种古老的历史态度

"实事求是"是一种尊重事实的求实精神，这种精神在中国古已有之。"实事求是"一词最早出现在《汉书》中，据《汉书·河间献王传》记载，河间献王刘德"修学好古，实事求是"。实事求是遂成为成语，从此在史书中屡有提及，历代一些严肃的学者也将其视为治学的指导原则之一。

　　但是，要将实事求是由一种态度和精神有效地转化为一种科学的治学方法论却不是一件简单的事情。由于事实性的复杂性，将其成功地落实在方法论上是一个十分艰巨的学术挑战。在中国皇权社会的政治环境和学术气氛之下，意识形态和实事求是成为对立的范畴。意识形态所体现的皇权意志才是一切事物和学术的最高原则，实事求是只能从属于皇权意志；在意识形态的作伪面前，实事求是却正是要被扭曲的对象；实事求是只能在皇权意志的车轮碾压不到的犄角旮旯中才能够得以遵守。因此，如果说在官方的史学和各种说辞中皇权的意志是至高无上的原则的话，那么实事求是的生存空间就只能是民间的纯粹学究式的学问了。理学家朱熹也推崇实事求是，但是由于理学具有明确的政治目的性，朱熹的实事求是也是要服从于他的天理原则的，因此朱熹并不能够做到真正意义上的实事求是。

　　在纯粹的学术领域，一句实事求是只能表明治学的态度，却不能上升到方法论的层次。要在思考和研究中认真而有效地贯彻实事求是的态度，必须使其系统化，形成基于事实性的逻辑链条，否则实事求是就是一句无关痛痒的空话。

（二）西方历史哲学与实事求是

　　这种挑战不仅在中国，在西方文明中同样是存在的。在近现代以来，西方文明在对客观世界的事实性的把握上取得了突破，以此为基础，西方的自然科学获得了质的飞跃和革命性的进步，但是在"社会科学"领域内如何科学地把握事实性，如何以事实性为基础发掘出一套科学的方法论仍然是个遥不可及的任务。

　　实事求是的精神在西方也备受推崇，西方近现代的科学精神和科学哲学以及马克思的历史唯物主义都强调实事求是的精神，激进的科学哲学多次发起要用自然科学代替哲学思辨、将哲学科学化的思潮。可见，实事求是体现了中西方对于求实的普遍追求。

在历史和哲学史领域之内，实事求是所表达的仍然是一种精神，一种方向，还不是具有操作性的方法。因此，这样一句简单的概括并不能够保障达到求实的目标。要达到求实是一个艰苦而复杂的过程，不但要用精神和理念，还要有可操作的指导性的科学方法，更要付出艰苦的努力。若缺少了这三种要素，事实性是无法被挖掘出来的。

实事求是的精神无疑是与历史唯实主义的基本原则相一致的。作为一种基本的历史研究方法，需要一种具有明确的内在和外在规定性的哲学化的方法论概括，这个具有严格的规定性的历史研究方法就是历史唯实主义。

（三）历史学的求实需要准确的方法论

实事求是的精神并不能代表求实的方法论本身。在任何行业内的实事求是精神都要落实到具体的、符合行业基本特征的方法论。没有具体的行业化了的方法论的支撑，实事求是成为空中楼阁，是没有多少实际意义的。

自然科学的求实精神已经落实到了具体的方法论上。通过进行反复地观察、实验和总结，自然科学就能够获得关于特定物质的运动规律，并且将这些知识不断扩展和深化，直到能够生产出各种符合人类需要的产品。从近代以来，在西方国家的带领之下，人类的自然科学的求实方法论已经十分成熟，自然科学也因此能够成为主宰近现代人类文明变化最重要的推动力之一。

考古学是同样需要严格的事实性的学科。经过一百多年的实践，考古学领域内的求实精神逐渐落实到了实处，从 19 世纪后半期开始，逐渐形成了一整套严谨的、科学的考古方法。事实性是考古学天然的出发点和基础，没有挖掘出来的实物事实便不会形成考古，没有对地下实物事实的系统分析就不会形成考古学这门学科，从泥土中挖掘出来的都是过去的时代残留下来的事物事实，它们是历史事实的组成部分。考古学采用的主要方法是逻辑倒推法，根据从地下挖掘出来的实物事实通过逻辑演绎倒推出产生这些实物的逻辑链条，包括其目的、功能、方法和意义，以此为基础考古实物事实便会与已知的历史事实进行接轨，并且会拓展历史事实的真实性和发现新的历史事实。也就是说，考古学的主要分析方法是从显性事实倒推出隐性事实的逻辑推演过程。

同样十分重视事实性并且已经形成了成熟的分析方法的领域是法学。对各种案件的分析和判罚都要以事实为基础，证据是压倒一切的出发点和基础，没有充分的证据的存在，任何分析和推理都是假设，都无法成为最终断案的基础和依据，而在证据面前，一切的狡辩、否定和推理都是无效的。在法律面前，事实性是最高原则。

经济学领域的研究以发现经济的运行规律为目的，事实性同样是它的生命线。经济学的事实性离不开用各种数字来表达和体现。然而，自从在18世纪末和19世纪初期开始成为一门独立的学科以来，虽然充斥着形形色色的理论假设和数字模型，经济学却始终无法发现数字背后的经济行为规律。而这意味着在经济学领域内建立起科学的方法论仍然任重道远。

作为人类最古老的"社会科学"之一的历史学，虽然很早便有人提出了在历史学的研究中贯穿实事求是的精神，但是令人遗憾的是历史学却始终没有建立起令人信服的科学方法论。历史学只能从其他学科的求实方法论如代表自然科学的实证主义中借取一杯羹，而这种借取却屡屡表现出水土不服，无法将历史学建立在科学而独立的方法论的地基之上。

在中国历史学范围之内，系统的方法论的缺乏表现得更为突出。由于种种原因，中国历史学面临着比其他国家和文明的历史学更为错综复杂的困难，虽然从上古时期中华文明便一直强调历史学的作用，但是漫长的中国历史学却始终缺乏独立性。这种局面的延续十分不利于中国人对于中华文明的准确理解，在中华民族崛起的历史背景之下，最终会成为文化和认知上的短板和绊脚石。

五、事实性与哲学还无法兼容

唯实主义对于如何正确、准确地处理科学与哲学之间的关系会发挥重要的作用。

在近现代西方哲学史中，对于事实性和科学性的理解和应用存在着两个误区，这两个误区处于两个极端。一个极端是在包括政治哲学在内的哲学中忽略事实性，例如欧洲哲学的理性主义流派只强调纯粹的先验性的思辨，否认人的实践和经验在认识过程中的重要作用，这是对事实性的一种明确的否定；而另一个极端则是无限地扩大事实性的作用，进而否定价值判断的必要性和合理性，实证主义和作为其极端形态的逻辑实证主义是这方面的一个典型的代表。

在科学与哲学无法兼容的背景之下，政治理论和意识形态便无法建立在事实性和科学性的基础之上。近现代以来西方哲学的科学化思潮并没有为形而上学找到真正的出路，更没有使其政治哲学"科学化"，西方国家近现代以来的各种形形色色的政治理论多次因为背离了唯实主义的原则而误入迷途。种族主义、殖民主义、法西斯主义和代议民主制等都是缺乏充分的事实性基础的政治理论，但这些政治理论都曾被奉为许多国家的意识形态。

近现代自然科学是建立在对客观事物的事实性的认知基础之上的，自然科学的进步在某种程度上促进了人类社会的发展，但是只强调事实性而忽略了价值判断同样是错误的方法论，同样会导致谬误的认知。在 19 世纪后期和 20 世纪初期，西方的一些自然科学家和具有自然科学背景的哲学家试图用自然科学的方法论来改造传统哲学，使其"科学化"，同样在事实性与科学性之间的关系上犯下了认知错误。这种将哲学科学化的做法实际上是混淆了自然事实与人类事实之间的本质区别，混淆了实证性事实和非证伪性事实之间的区别，这种混淆导致了错乱的科学观和哲学观。

西方哲学关于事实性的两个误区以及错乱的科学观意味着科学和哲学仍然无法在西方哲学中兼容，两者仍然处于对立的尴尬境地，这种状态在当代西方哲学仍然存在。

相比于西方哲学，中国传统哲学具有一定的早熟性。中国哲学早在公元前一千多年的西周便已经开始了摆脱宗教作为国家意识形态的进程，直到西汉董仲舒时期，中国哲学已经形成了独立的以国家行为的自主性为核心的意识形态，宗教则已经成为一种背景因素。在挣脱了宗教的束缚之后，中国传统哲学虽然获得了牢固的事实性基础，但是事实性在中国传统哲学中却始终是不全面的。阴阳哲学和五行哲学是建立在对客观世界的运行方式的观察之上的，具有明显的经验主义基础，体现了科学精神和当时的科学成就，但是它们对于客观世界中事实性的把握却有失片面和不够深刻，阴阳哲学和五行哲学并不能够覆盖一切事物，无法解释所有的情境，也无法解释阴阳五行背后真正的自然规律。随着人类认知能力的不断提高，阴阳五行哲学对于事实性的把握逐渐落后于人类的行为实践了。

唯实主义便是要在事实性和价值判断之间，在科学精神和形而上学之间构建起合理而可靠的逻辑秩序，使科学和哲学有效地相互渗透，并且形成有机的统一体。在许多方面，唯实主义是对近代以来的哲学家尤其是在西方哲学中关于科学主义与思辨哲学之间关系的一个回答，提供了一个新的答案。用自然科学的科学方法来裁定和否定思辨哲学，和思辨哲学在忽略科学精神的前提下进行过度的概念演绎，这两种倾向和方法都是错误的。两者之间融合的最后结果只能是唯实主义。把握住了唯实主义这个结合点，才能够为全面客观地认识自我建立起一座桥梁，从而将个人行为和国家行为建立在科学的基础之上。

六、中国哲学史需要加强事实性

唯实主义在哲学史领域同样可以大显身手。通过唯实主义在哲学史领域内的分支观念唯实主义，中西方哲学史可以受到重新审视和评估，这对于中国哲学史具有十分重要的意义。

在西方哲学步入近代时期开始接受自然科学的事实性洗礼的时候，这种来自于自然科学的洗礼也自有其偏颇和极端之弊，对于西方哲学的影响可谓是利弊共存，产生的效果可谓是喜忧参半。相比之下，中国的董学凝结了当时最高的科学思想，形成了系统的阴阳五行哲学，为中国传统哲学带来了一场革命性的变革。然而中国传统哲学则长期停留在董仲舒时期，在两千多年里再没有受到类似的深刻冲击，以致中国传统哲学一直停滞不前，对于事实性的把握逐渐落后于西方哲学。这种情况的发生一方面是由于中国传统哲学一直牢牢受制于国家意识形态的钳制，政治上牢固的控制在很大程度上扼杀了中国哲学与自然科学进一步产生互动的机会和渠道；另一方面官本位下中国传统的读书人不重视自然科学，因为能够给自己带来荣华富贵的并不是对于知识和真理的掌握，而是能够按照皇权的要求学得一些治国理政的理念和方法，政治上的正确性永远被置于第一位。

近现代以来，西方文明的冲击使包括中国哲学史研究者在内的绝大多数知识分子开始变得缺乏文化自信，处处以西方哲学的标准来衡量和裁定中国哲学，主动地迎合西方哲学而轻贱中国的哲学传统。虽然接受了西方的价值观和哲学观念史的研究哲学史的方法，但是近现代的中国哲学史研究始终没有建立起自己的研究方法，始终没有确立符合事实性的哲学史，缺乏创新。

如果说西方哲学从近代以来已经认识到了事实性对于哲学的重要性，其不足在于由于畸形的科学观所导致的无法将科学性与哲学进行有效的融合的话，那么中国传统哲学则还没有意识到事实性对于哲学的重要性，政治上对于意识形态的退让和方法上的陈陈相因仍然主宰着中国哲学史研究的思维方式。

七、西方哲学史也要尊重事实性

作为西方历史学有机组成部分的西方哲学史至今仍然是以哲学观念史为主，一些西方学者刻意将西方哲学及西方哲学史与西方国家和文明的行为进行模糊化处理，甚至将两者割裂开来。西方文明行为模式的意识形态基础在不同的时期表现为不同的具体形式，包括基督教救世论、殖民主义、种族主义、社会达尔文主义、欧洲中心论的历史观和价值观，等等。

第三节　唯实主义关于事实性的规定

本节开始集中阐述唯实主义关于事实性的各种内在哲学规定。

一、事实性的绝对性

事实性的绝对性包括事实的唯一性和独立性。事实性是个复杂的哲学范畴。

（一）唯一的事实性

事实性是唯实主义唯一的研究对象和所追求的目标。唯实主义严格遵守哲学方法论的定位，事实性也是唯实主义的唯一原则和判断事物的标准。事实性超越学科的划分，认为事实性存在于自然事实和人类事实中，也存在于实证性事实和非证伪性事实中。

（二）事实性的唯一性

唯实主义认为，包括观念事实在内的历史事实是具有唯一性的。事实性的唯一性包括两方面的含义：一是事实性的来源可以是多样性的，二是对于特定的历史事实的理解有可能是多元的。

事实性的来源由多方面的要素组成，例如历史事实的来源包括参与者、观察者、考察者、检测者和历史编撰者等，而每一类的要素又都具有不同的个性，对于历史事实有着不同的主观感受。同时，历史事实又是通过多样性的载体来得以记载、表述和反馈的。除了古代的官史、民史之外，近现代的考古学、简帛学和各种高科技的探测手段等都是事实性的多样性来源的组成部分。事实性的唯一性就是要对诸多的来源要素进行系统、客观和公正的整合，最终达到对于特定的历史事件的事实性的唯一性。

对于特定的历史事实的理解是由认知主体即某个认知个人来进行的，主体性是首要的特征，这属于对事实的认知范畴，具有个性化和主观性的特征。有些已经超越了事实性的客观性，已经脱离了事实性本身，这表明对于事实理解的多样性与事实性的唯一性无关。

（三）事实性的独立性

唯实主义严格地独立于价值判断，坚持这样的原则：在事实性得以澄清之前不应该做任何的价值判断，在缺乏充分的事实性的前提下所作出的任何价值判断都缺乏可靠的基础和前提。

同时唯实主义严格地独立于利益性和意识形态，也就是说唯实主义并不图谋任何的利益，也不代表任何过去和现实中的利益集团，也不是为了有意识地推广某种哲学和意识形态，而是严格地以历史事实或者历史的事实性作为唯一的研究和考察对象。

事实性的独立性具有绝对性，这是唯实主义的严正立场，是唯实主义提倡将历史学和哲学科学化的基础和前提，是唯实主义存在的重要根据。

（四）事实性与非事实性

非事实性是指不符合或者违反了事实性的标准的对于事物和事件的反映形式和状态。非事实性是相对于事实性而存在的概念，它是事实性的对立面和反面，但它也是事实性在发展初期不成熟和不完善的存在状态。

从其存在的状态来看，非事实性缺乏真实性、完整性，缺乏主客观的有机融合性，还没有达到或者违背了事实性的三个标准。

非事实性可分为两种。一种是认知性的非事实性，它是由认知的障碍或者不足所导致的，而只要发现事实性的执着精神和科学精神存在，认知性的障碍和不足是可以被克服的，由非事实性仍然存在着通向事实性的自然渠道。也就是说，认知性的非事实性与科学性并不存在不可逾越的鸿沟，在许多情况下，非事实性恰恰是事实性的起点，它激发着人们去通过不懈的努力去获得事实性和科学性。另一种是故意性的非事实性，它是被人为地故意制造出来的，是一种主观的作伪行为，是对于事实性的蓄意破坏和刻意妨碍，作伪者存在着主观的自觉性和故意性。

二、事实性的复杂性

在人类的认知过程中，蹊跷的事情会时有发生。一些看起来十分熟悉的概念和范畴虽然经常被使用，深究起来却发现所知其少。事实性就是这样的一个哲学范畴。

事实性是个古老的范畴，在古今中外的哲学史和历史学等学科中都被多次提及和强调。事实性本身并不具有任何的哲学新颖性，但是这并不妨碍哲学在事实性这个传统范畴上进行创新，包括深刻和全面的创新。这是因为历来对于事实性的强调只停留在对其重要性的认识上，而对于事实性的内在规定性、哲学意义尤其是如何在认知和行为中具体而确实地把握、实施和贯彻事实性则仍然是个理论空白。也就是说，如何在哲学的层面上真正地把握事实性人们还没有进行过系统而深入的探究，将事实性在哲学层面上理解透彻或者说将事实性充分地哲学化还有很长的路要走。

事实上，作为哲学范畴的事实性本身是十分复杂的，而要在理念和方法上真正了解、理解尤其是实在地把握住事实性则更加复杂。事实性的复杂性不仅表现在其种类的繁多上，更表现在对事实性进行了解、理解、把握和驾驭的难度上。针对具有不同种类和性质的事物的事实性要采用不同的方法论。认识不同事物具有不同的本质和性质，以及发展出不同的、具有针对性的方法论体系，正是认识事实性的复杂性的难点，也是阻碍了人类在许多方面取得理性的自我认识的最大的障碍之一。

人类自近现代以来在了解和把握自然科学领域内的事实性上获得了重大突破，然而在了解社会科学领域内的事实性方面不仅进展缓慢，还经常产生误解，甚至造成认知错乱。虽然西方文明在自然科学的认知和实践中取得了突破性的进展，但是在哲学层面上如何面对自然科学处理客观物质的事实性的方法是长期困扰西方哲学的一个难点。

第四节　事实性的构成和标准

由于其内在的复杂性，事实性的获得绝不是个一蹴而就的简单行为。事实性是唯一可信的客体，但是事实性的可信性和其真实性之间还存在着一定的距离，两者不能够加以等同。

一、事实性与真实性

事实性的灵魂是真实性，事实性的价值在于事实的真实性。事实性之所以有价值正是因为它体现着事物和行为的真实性。缺少了真实性，事实性便失去了存在的基础，也就失去了自身的价值。

真实性由正确性和准确性构成。正确性是指客观性的综合，准确性是细节上的正确性。事实性显然是以真实性为前提和基础的，离开了后者，前者便无从谈起。唯实主义追求事物的事实性的目的也正在于追求事物的真实性。

但是在另一方面，事实性与真实性又不能等同。真实性只能建立在准确性的基础之上，离开了准确性，真实性也无从谈起。同时，虽然事实的真实性是由一个事实的不同片段所组成的，但是个别片段的事实性并不能构成整个事实的真实性，也就是说，真实性有赖于事实性的不同片段能够有机地形成整体性，只有在整体性形成之后，事实的真实性才能够显现出来。

二、事实性中的主观性和客观性

事实性中的主观性与客观性之间的关系在事实性的构成中具有承上启下的链接作用。它一方面与事实性的真实性直接相关，另一方面是与事实性的完整性密不可分的。

主观性就是作为认知和行为主体和参与者的人对于事实性的记述。由于具有主体性，主观性是事件的出发点，是事实性的基本方式。对于事实性来说，主观性是对于事实性的认知的开放性过程的起始点，是事实性的真实性和完整性所不可或缺的有机组成部分。主观性要包括所有的行为主体和参与者，他们之间的经历、感受和观点常常是相互对立和冲突的，具有两面性和多面性的特点，这代表着不同的行为主体对特定事件从不同的角度、层次和侧面的体验以及意识和认知反映。对多面性的主观性的包容、甄别和筛选是事实性构建过程中的基点，是不可或缺的步骤。

相对于主观性，客观性要更复杂一些。客观性的来源有三种：其一是不同的主观性中的同一性，其二是非行为主体和非参与者的观察和分析，其三是实物证据。事实性的客观性的构建过程集中地体现了历史学的全部奥秘。在历史学中，历史并不等于历史学本身，行动事实并不等于历史事实，也就是说，事件的发生与否有时并不在于事件本身，而在于是否得到了记录，尤其是带有权威性和稀缺性的记录，历史学的奥妙、悖论和残酷性在此得到了充分的体现。同时，客观性的构建过程为国家权力发挥作伪功能提供了广阔的空间，历史事件成为一个可以被雕塑和捏造的客体，随着意识形态的意志而不时地改变形态和形式。国家权力不但可以根据自己的立场和利益需要来扭曲、掩盖和篡改事件本身，更可以在史书和文件中漠视事件，使其受到忽略，当行动事实的行为主体和参与者相继离世，并且其没有留下关于行为事实的主观记载，或者这些主观记载被销毁或者遗失之后，随着行动事实的直接实物证据在时间的消磨中陆续消失，行动事实便无法转化为历史事实，后人便会认为该行动事实并没有发生过。

要获得行动事实和历史事实的主观性和客观性本身都是艰苦的过程，都需要时间的大浪淘沙，都需要研究者艰辛的跋涉，而将两者有机地结合起来同样是个困难的过程。事实性是主观性和客观性的有机融合，是由两者共同组成的认知成果，缺少了其一，事实性的真实性和完整性便会受到损害。对于事实性来说，主观性不是相对主义，客观性也不是绝对主义。事实性是建立在对主观性和客观性的折中和整合基础之上而获取的认知成果。

主观性和客观性对于构建事实性的真实性和完整性具有重要的作用，也是事实性在开放性结构和过程中通向科学性的重要坐标和指标。

三、事实性与完整性

事实性是指完整地体现了事件的各个方面的反映和表述，包括完整的主观性和客观性以及两者的有机融合，也就是说，事实性必须要具有完整性，"部分的真实性"还无法构成事实性。部分的真实性或者缺乏完整的主观性，或者缺乏客观性的介入，即使它在一些细节上具有一定程度的准确性，但是由于失去了许多重要的要素的参与和介入，细节上的准确性并不等于整个事件的公正性，而失去了公正性，完整性也就无从谈起了。

部分的事实性来源于认知的不足和人为的故意。认知的不足常发生在对自然事实的探究中。对于客观世界的各种事物和运动理解的不深刻和不全面必然无法解释许多自然现象，无法驾驭各种客观规律，这会导致知识的不足和缺乏，补救的办法是更多的实践性和知识的积累。而对于人类事实来说，情况则要复杂得多。认知和知识的不足会导致对人类事件的认知的残缺性，通过对事件的细节逐渐补充会构建出事实性的整体性，也会甄别出真实性。但是，由于政治的介入，人类事实部分的事实性的产生却是出于人为的故意性。为了实现某种政治利益，政治人物、派别和国家权力的掌握者都会故意地阻碍事件的事实性，既会篡改其真实性，也会隐瞒事件的部分事实，从而破坏了事实性的完整性，造成了人为的部分的事实性。这种行为就是作伪行为。

真实性是事实性所要克服的重要认知障碍之一。无论是在对自然事实还是人类事实的认知和表述过程中，用部分的真实性来代替事实性是一种普遍性的误区。在自然事实范畴内，这种现象产生的部分原因主要是由于认知上的局限性造成的，是认知能力有限而产生的偏差，而非主观故意。

要克服用部分的事实性来替代完整的事实性，就必须有意识地把握唯实主义的原则，自觉地排斥和排除政治和意识形态的影响和干扰，这对于历史学家和哲学史家来说是基本的能力和品德，不具备这种能力和品德便无法成为合格的历史学家和哲学史家。

四、事实性是个开放的动态过程

由于事实的完整性是由不同的片段组成的，因此事实的完整性的形成依赖事实的不同片段的挖掘和呈现，而在许多情况下事实的片段的出现是需要持之以恒的努力才能够获得的，更为重要的是事实性的获得本身是个漫长的历史过程。考古学的各种发掘成果、个人多年后的回忆录、现代政府机密文件的解密制度等都会使事实不断丰满，其发生的内在逻辑会得到构建，其细节也会得到补充、证实和完善。

对于历史事件来说是如此，对于观念事实的挖掘同样如此。中国哲学史的许多观念事实起源于先秦哲学，先秦哲学的观念事实的物质载体是先秦典籍，而众所周知，先秦典籍的获得是个艰巨的历史过程。值得一提的是清朝学者在恢复先秦典籍上所作出的卓越的历史贡献。考据学和校雠学在清朝都达到了中国传统文明时期的最高水平，许多被历史的尘埃所埋没、被人们所忘记的先秦典籍被从散乱的故纸堆中系统地钩沉出来，并且对于不同的版本进行了梳理和考证，形成了比较具有可信性的先秦古籍。这对于中国哲学史的构建是个不可或缺的物质基础，是中国哲学史形成的必要条件。现代的学者要认真地消化清朝学者历史性的学术成果，要让他们辛勤努力的成果结出思想的果实，这是这一代学人不可推卸的历史责任和使命。

　　近现代考古学的进步使更多的简帛得以发掘出来，这对于先秦典籍的完整性和真实性是个重要的补充。

　　正是因为历史事实和观念事实是个动态的过程，历史唯实主义对于事实性应该采取开放性的态度，尊重事实性的获得本身是个历史过程的事实[①]。

五、事实性具有开放性的立体结构

　　事实性是个动态的过程，这意味着事实性具有开放性的立体结构。没有开放的结构便不会出现持续的、开放过程。不论是对于自然事实还是人类事实，唯实主义对于事实性的把握都是个积累的过程，是个不断完善、不断自我扬弃的过程。

　　对于事实性的真实性（包括正确性和准确性）和完整性的把握不会是一蹴而就的，对于具有诸多行为主体参与的复杂的历史事件来说更是如此。诸多参与者主观的体会、经历和经验通过文字、声音和影像等方式表述出来和进入媒体系统，研究者比较、鉴定、确认和再确认是个需要往返多次的过程。这些都需要在时间中进行过滤和沉淀才能够获得真实性，才能够逐渐达到完整性，才能够进入科学的境地。

六、事实性的标准

　　事实性的构成体现了事实性的标准，也就是说构成事实性的真实性、主客观的有机融合性和完整性是检验事实性的三个必要的构件。只有符合了这三个标准，只有具备了这三个必要的构件，事实性才具有充分性，而只有具有充分性的事实性才具有成为价

---

① 唯实主义认为历史是个开放的动态过程，并不等于如同"历史是进步的"（冯友兰语）。进步是个被滥用最多的词汇之一，在经过严格的定义之前是要慎用的。

值判断的实在基础和资格。

　　对于自然事实和人类事实，这三个标准的重要性是不同的。对于自然事实来说，主客观的有机融合性并不存在，需要考虑的只是人的主观性，被实验和被改造的事物并不具有主观性，因此不存在主观性的多元性问题。相比于人类事实，对于自然事实的思考要简单和容易；对于人类事实来说，情况的确要复杂得多。在历史学领域内事实性的标准会在下文的历史唯实主义部分中进一步探讨。

第五节　事实性、真实性与真理

　　唯实主义关于事实性的观点与真理命题的探讨是密切相关的。

　　真理是西方哲学的一个重要的认识论范畴，也曾是争议频发的一个热点问题。人们似乎都在讨论真理，但是对于真理的内涵、性质、构成和标准并不深入了解，对于什么事物能够成为真理以及真理的局限性和相对性等问题也不甚了了。唯实主义的原则有利于进一步探讨真理问题的本质。

　　唯实主义认为，真理[①]分为两个层次。第一个层次是"真"，真就是事实性原则。对客观事物的事实性的严格和准确的把握会导致知识的产生。近现代人类知识的大爆炸正是人类找到了探究客观事物事实性的系统的科学方法。第二个层次是"理"，理是建立在事实性基础之上经过实践验证过的价值判断。真是理的前提和基础，理是真的目的和归宿。两者相辅相成，形成同一体，才能够得到真理。人类认知的不足不仅会体现在对于知识的发现

---

① 真理的英文是 truth，法文是 verité，表述都比较模糊，缺乏层次感。相比之下，中文的真理则更能把握住其层次性和本质，与唯实主义的真理观不谋而合。

和积累之上，更会体现在如何运用知识、如何形成客观而公允的价值判断上。

真理的本质是建立在知识基础之上、经过实践检验的价值判断。真理本身首先是个价值观，是建立在事实性基础之上的价值判断，其次真理是对于人们的认知和行为具有指导性和帮助性的观念，而指导性和帮助性的唯一来源是实践性，而不是神谕、圣人之言和意识形态。这里蕴含着真理的内涵的三个层次，即事实性、价值判断和实践经验。

在西方哲学史上，许多人将真理等同于知识本身，这体现了西方哲学重视实证性事实而忽略非证伪性事实的传统，是不够全面和深入的。知识仅体现了真理事实性的部分，是比较浅的层次。然而，真理也离不开知识，离开了事实性和真实性，真理便失去了前提和基础，所得出的价值判断便失去了真正的基础和前提，失去了必要性和可信性的真理便不是真理了。然而，建立在事实性基础之上的价值判断还无法构成真理，真理的另一个重要的标准是要经过人类实践的反复验证。"实践是检验真理的唯一标准"说的就是这一层含义。

第六节　事实性与科学性

本节探讨事实性与科学性之间的关系，这是唯实主义的外延的重要方面。

一、科学的本质

事实性与科学性有着天然的共同性，然而事实性并不等于科学，科学的本质是关于事实性的规律的总结，是事实性的具有逻辑性的高级形态。事实性是科学的基础和原料，否定、绕开或者怀疑事实性便等于在没有建筑材料和地基的条件下要建立起大厦一般是不可能形成科学性的，缺乏充分的事实性是不可能建立起任何科学的。

二、科学的种类

科学的种类是根据事实性的种类来划分的，不同的事实性决定着不同的科学性，科学性只有接受事实性的规定性才能够具有真正的科学性。

笔者以为，根据事实性的不同，科学可以被划分为自然科学、社会科学和人性科学。自然科学是对实证性事实的认知、复制和创造。自然事实是自然科学所针对的事实种类。对于自然科学的划分，人们能够把握具体的事实性的自觉，根据所研究的不同的客观事物和研究方法的不同可分为物理、化学等领域，随着认知的深化和细化，自然科学的种类也越分越细，形成了多种多样的分学科。

人类事实属于非证伪性事实，非证伪性事实的性质和规律与实证性事实完全不同。按照西方的划分方法，人类事实传统上被置于社会科学范围，包括历史学、人类学、社会学、心理学和哲学等。但是，传统的关于社会科学的划分并不一定能准确地涵盖关于人类自身的事实。近代西方将关于人性的认知纳入了社会科学的范畴，却并没有将人性理论置于核心的甚至重要的地位，而只将其纳入了伦理学的一个分支。关于人性的认知无论是从其内涵的原发性和深度来看，还是从其外延所覆盖的范围和无时不在的影响力和渗透力来看无不是个最大的认知范畴，因此将其置于社会科学中的任何一门学科都是在人为地降低关于人性认知的地位、重要性和意义，是削足适履和本末倒置的错置。人性理论不仅应该被单独地列出，自成体系，还有被置于所有认证的最顶端并被赋予最高级的地位。

三、西方的科学观

近现代以来，西方主导了关于科学的认知和实践。西方文明在自然科学领域取得了巨大成就，这是必须加以承认和在某种程度上受到肯定的。而在纯粹的认知领域，自然科学的进步不但没有解决一些古老的命题，反而对其造成了进一步的混乱。西方对于科学观的片面理解就是其中之一。

牛顿在 17 世纪发现了著名的万有引力定律，这是物理学的一个里程碑，被认为是破解了上帝塑造自然世界的秘方。牛顿对于西方思想界乃至整个西方文化产生了深刻的影响，而最直接的影响之一便是改变了西方的科学观。西方文化开始对自然科学顶礼膜拜，认为科学是人类认知的最高级的甚至终极的手段，这种科学观也不可避免地渗透到了哲学界。西方的哲学同样开始对科学顶礼膜拜，认为只有自然科学才是科学，用于研究自然科学的方法才是科学的方法。西方的近代哲学家将这种基于自然科学的科学观简单化、绝对化和极端化，决心要用它来重新改造形而上学，创立科学的新哲学，出现了用科学主义来改变哲学的思潮。英国 17 世纪的哲学家休谟撰写《人性论》的目的是要试图像牛顿解释万有引力定律一样来一劳永逸地解释人性，破解上帝创造人类的秘密。法国哲学家孔特的实证主义要在哲学高度上来总结自然科学的实证方法，并试图用来重塑西方传统哲学。实证主义在 19 世纪后期进一步极端化，出现了逻辑实证主义等分支。逻辑实证主义更是明确要否定所有的形而上学，建立起符合自然科学的逻辑方法的"有意义的"新哲学。黑格尔也打着科学的名义来发展其纯粹的思辨哲学。西方近现代哲学中片面的科学主义倾向对西方哲学的冲击是十分强烈的，科学主义思潮对西方哲学的影响并没有得到清理，当今的西方哲学仍然无法弥合科学与哲学两者之间的关系。

除了自然科学所针对的实证性的自然事实之外，还存在着具有非证伪性的人类事实，这两种事实具有不同的本质和规律，需要不同的方法论来加以研究和总结。用一种事实来代替另一种事实以及用一种方法来否定另一种方法都是对于事实性的种类的否定，都是对于科学的本质的误解。可以说，西方在科学观的问题上出现了强烈的反差，一方面它们在自然科学领域的实践方面走在了前面，但是同时它们在对于在本质上把握科学方面还没有找到路径。

自然科学、社会科学和人性科学都是科学，是不同种类的科学，这是因为它们所面对和研究的事实性具有不同的本质。人类事实同样可以是科学的，只是对于人类事实的认知必须要建立在以事实性为基础的规律的总结之上。因此，历史学、哲学、社会学、伦理学、人性理论等社会学科都可以是科学的。我们要从西方哲学对于科学性的狭隘和偏执的理解之下解放出来，用建立在事实性基础上的规律性来重新定义科学性，尤其是关于人类事实的科学性。

第七节　事实性与价值判断

本节探讨的是事实性与价值判断之间的关系，这是阐明唯实主义与思辨哲学关系的重要基础，也是理解唯实主义的一个关节点。

一、价值也具有事实性

按照西方的哲学传统，"事实判断"和价值判断是两条平行线，两者不应该交叉，而一旦交叉便会被视为谬误。① 其实这种思维定势本身才是个谬误。

事实上，人类的价值也必须以事实性为基础，这是唯实主义的重要论断。只有建立在事实性基础之上的价值观才是符合人性的、具有可持续性的价值观。价值不是纯粹思辨的，更不是臆造出来的。人们认识到这点却经历了数千年的漫长探索过程。人类最早的价值是宗教性的，是建立在主观臆想基础之上的。这种非事实性的价值观至今仍然具有强大的余威，宗教和神学仍然主导着许多人的思想和认知，控制着他们的行为。

二、事实性是价值判断的前提和基础

唯实主义适用于自然科学、社会科学和人性理论的研究，同样也以不同的方式适用于思辨哲学。对于事实性的研究与价值判断是哲学研究不可或缺的内容，两者共同构成了哲学的两个维度。事实性不但不会限制价值判断，反而会促进价值判断的真正发展。唯实主义认为事实性是价值判断不可或缺的前提和基础。

虽然唯实主义强调方法论，但是唯实主义认为哲学和价值观的正确基础是事物的事实性，事实性是哲学和价值判断不可或缺的正确基础。违背和偏离了事实性的哲学和价值判断是经不起推敲、不值得信任的，是无法长期立足的。哲学具有高度的思辨性和逻辑性，但是其思辨性和逻辑性仍然要以事实性为基础和准绳。

社会科学领域一个惯常的方法论上的弊端和错误是完全或者部分地脱离了事实性而直接介入价值判断领域。这种现象是价值判断对于事实性的"僭越"，是必须加以克服的方法论错误。

---

① 参见［美］希拉里·普特南著，应奇译：《事实与价值二分法的崩溃》(*The Colapse of the Fact/Value Dichotomy*)，东方出版社 2006 年版。

第八节　唯实主义是一种思维方式

对于事实性的绝对性的强调使唯实主义形成了独特的思考方式和思考风格。

一、唯实主义的有效思考

唯实主义的思考方式体现在对有效思考和无效思考的区别之上。

"有效思考"是指完全基于事实性的思考。有效思考并不会盲目地接受任何既有的结论，不会急于得出具体的结论，认为在达到充分的事实性之前不应该做独断性或者结论性的判断，结论性判断只有在充分的事实性的基础之上才有可能获得。由于对充分的事实性的尊重，有效思考得出的结论是"有效结论"。

"无效思考"是指建立在非事实性基础之上的思考。无效思考并不介意接受传统和既有的结论，它急于下结论而忽略对于事实性的探索、确认和尊重。无效思考往往用具有煽动性的各种判断和结论来获得人们的注意，但是由于缺乏充分的事实性，无效思考所得出的结论也只能是"无效结论"。

毫无疑问，任何科学性的和严肃的哲学思辨都应该是有效思考，而如何进行唯实主义的有效思考也需要一定的原则和步骤。

二、归零重启法

归零重启法中的归零是实施唯实主义有效思考的第一步，也是必要的、不可或缺的起点。

（一）"用裸眼看事实"

唯实主义的研究方法首先是"用裸眼看事实"。

唯实主义具有普遍的怀疑精神。从理念和原则上看，唯实主义只接受事实，而拒绝接受与事实无关的或者违背了事实性的观点。唯实主义具有开放性，它欢迎各种观点，鼓励所有的创新思维，但是它不会想当然地接受任何结论。在唯实主义的视野中，任何形态的观念和结论都不具有先验性的豁免特权。唯实主义不接受权力的压力，不接受利益的诱惑，不接受"多数人的暴力"和少数人的权威。也就是说，无论是对于传统的观点、官方的观点、被普遍接受的流行观点还是所谓专家和权威的观点，唯实主义都要抱有怀疑态度，都要进行"怀疑搁置"和"审视性的搁置"。从历史经验上看，历史上对于事实性的无知、轻慢、篡改和践踏强化了唯实主义对于事实性的强调和尊重。唯实主义认为，只有通过对事实性的绝对性的强调和复原才能够拨开种种谬误，看清历史和哲学的真相。

然而，唯实主义并不是历史虚无主义，它的怀疑并不意味着机械的否定和盲目的破坏，而是要将自己的观念和结论置于坚实的事实性的基础之上，根据客观性、全面性和科学精神来重新审视、分析和确认一切结论和观念，对于历史上尊重和实践事实性的方法和人物唯实主义都会视为知己和同盟。

从更加广阔的背景上看，只有建立在理性、科学和事实基础之上的文化传统和文明观才是经得起推敲的，才更有资格成为一个民族的基因，才能够使一个民族真正在精神上强大起来，才能够使人类从各种歧途的误导中重新回归到正确的道路上来。

（二）归零重启法

归零重启法就是在对命题归零之后的重新介入法，是唯实主义用裸眼看事实，根据事实性来看待事物和进行价值判断的具体方法，是实施唯实主义有效思考的第二步。

一方面，归零重启法就是对历史上流传下来的各种结论和思维定势进行怀疑搁置，暂不接受其任何先入为主的结论，同时从既有的思维定势中跳出来，摆脱其束缚，实现结论和思维方式的"归零"。然后再按照唯实主义的原则和方法走进各种原著、古代文献、考古资料，复原历史事实的发生轨迹，重新踏上先哲们的思维路径，对传统的观念、思维定势和结论等进行唯实解构。这就要求以新的纯粹客观的心态、公平的标准和科学精神来发现历史事实发生的现场和古代哲学家的思想和逻辑轨迹，发现历史事实和观念事实的本来面目。

另一方面，在完成了唯实解构之后，便进入了唯实重构过程。在厘清了历史事实和观念事实的基础之上再次"走进"传统的结论，重新对历史学和哲学史中的各种命题、问题和谜团进行唯实比较，作出唯实主义新的判断和评价，完成唯实重构。

归零重启法可能会确认传统的结论和观念，有可能发现新的历史事实、观念事实和价值观。归零重启法是开放性和公平的，它所遵循的唯一原则是事实性的绝对性。

归零重启法包括唯实解构和唯实重构两个过程。唯实解构的功能是按照唯实主义的事实性的标准来检验既存的观念、传统和结论；唯实重构是按照唯实主义的事实性标准来重新构建人类行为真实而客观的过程。

（三）唯实解构

唯实解构就是根据事实性的原则和标准对不符合和违背了这个原则和标准的传统的思维定势、观点和结论所进行的分析、修订、批判和否定，是对传统和流行观念的解剖和"破坏"。唯实主义虽然从解构主义借用了解构这个术语，但是赋予了它全新的内涵。与德里达依靠语义和主观感受来解读历史文献的解构方法完全不同，唯实解构所依靠的是事实性，所采用的方法是事实性，所要达到的目标是要发现人类行为的客观性、公正性和科学性。

唯实解构法并不是传统的考据方法。考据方法是对一个特定的点的事实性的挖掘和发现，是定点的分析和钩沉，其目的并不在于理念，它还无法上升到面，即整体性和逻辑性的层次。唯实主义则是要在对事实性的再发现的基础之上重新勾勒出人类行为事实的整体性、逻辑性和立体性。也就是说，唯实主义针对事实性和价值的再发现的过程也就是对历史和观念进行唯实解构的过程。

（四）唯实重构

在唯实解构的基础上，归零重启法的下一个过程是唯实重构，即按照事实性的原则来重新构建某一命题，建立起新的逻辑线索和网络，得出与事实性相符的新的判断，得出新的结论，发现新的价值。唯实重构是唯实主义有效思考的第三个步骤。

唯实重构与唯实解构是相辅相成的，在许多情况下是一个重复的同一个具体过程。两者的依据都是事实性，只是在对事实性的运用上有所不同。唯实解构侧重于用事实性来比较和批判旧的观念，侧重于揭露旧观念的非事实性和作伪性；唯实重构则侧重于按照新的事实性来重建逻辑线索，通过新的结论来重建一个命题，因此更具有创造性和挑战性，也更有难度。

由此可见，归零重启法在于通过怀疑来创建和重建，侧重于批判的唯实解构和侧重于重建的唯实重构共同构成了归零重启法两个相辅相成的过程。通过裸眼看事实的归零重启法能够挑战现存的结论，能够取得正本清源、拨乱反正的作用，使包括哲学史在内的历史学建立在客观、公正和科学的基础之上。

归零重启法的目的并不是单纯的破坏，它包括唯实解构和唯实重构两个过程和两个方法，是唯实双构。唯实主义的出发点和目的恰恰在于创建，在于以事实性为原则、方法和标准重建人类的思维和结论，在于通过归零法的唯实双构为建立正确的历史哲学提供客观、公正和科学的历史事实和观念事实基础。

（五）归零重启法与笛卡尔主义不同

笛卡尔主义（Cartesianism）曾率先主张要对事物进行普遍的怀疑，再从自己内在的反思中重新看待和发现事物，这个过程似乎与唯实主义的归零重启法相似，因此有必要对唯实主义的归零重启法与笛卡尔主义的方法进行一扼要的比较。

笛卡尔主义主张不要先入为主地接受任何观念和结论，只有在受到理性检验之后才可以对事物进行自主的判断。笛卡尔主义所针对的是欧洲中世纪的经院哲学，是对经院哲学的形而上学的怀疑，暗含着要对经院哲学的本体论和认识论的原则进行挑战。然而笛卡尔主义的挑战只是虚晃一枪，并没有落实到实处，它虽然表面上声称要怀疑一切，但是笛卡尔的重启却又回到了上帝的怀抱，再次落入了经院哲学的窠臼之中，因此笛卡尔主义并不是唯实主义的归零重启法。从方法上看，笛卡尔主义的原则是纯粹的先验性的思辨，与经院哲学一样仍然是一种玄学，笛卡尔并没有将他在数学和自然科学上的认识方法有效地延伸到哲学领域中来，这与唯实主义着眼于事物的事实性的方法是完全不同的，唯实主义无论是在对象上还是方法上都是具体的、实在的和可以掌控的，不存在任何玄学成分。

同样道理，声称继承了笛卡尔主义衣钵的胡塞尔现象学也是一种玄学，它表明要将哲学科学化，但是却在玄学的思辨中迷失了自己，既丢掉了哲学，也没有找到科学。虽然现象学将自己冠以科学的方法，但是其目的性却在与方法论之间无法调和的冲突中变成了海市蜃楼，成为泡影。现象学既没有达到否定传统形而上学的目的，更没有建立起有效的新的认知方法，其价值仅在于怀疑精神。而实际上，这样的普遍怀疑与虚无主义并无本质的区别。

三、唯实比较法

比较法是人类最经常使用的也是很有成效的思维方法之一。比较法指的是对两个事物之间按照统一的标准所进行的比较。有些比较涉及两个以上的事物，但它们之间的比较也是要在两个事物之间逐一进行的，因此两个事物之间的比较是比较法的基本单元。

比较的目的有两个：其一是为了发现两个事物之间的异同，其二是通过比较挖掘出特定事物的性质、本质和价值。

通过比较法人类的认知能力得到很大提升，事实上，比较法是如此的普遍和重要，以至于缺少了它人类的思维是很难进行的。然而，人类对比较法的使用却十分不严谨，形成了滥用比较法的局面。所谓的对比较法的滥用是将不具有可比性的事物进行比较，以及在比较过程中的随意性和散漫性。对比较法的滥用经常会将比较降低到比附的层次上。

唯实主义同样十分重视比较法，将比较法视为厘清事情真相和价值发现的重要工具。但是唯实主义的比较法却具有严格的规定性，根据事实性具有绝对性的原则，唯实主义的比较方法可以被称为唯实比较法。唯实比较法是唯实主义的有效思考在比较法上的应用，是唯实主义的有效思考与比较法的有机结合。

（一）唯实比较法的三个步骤

唯实比较法包括三个步骤，即唯实比较的三段论。它们是确定可比较物、对可比较物进行有效比较、对可比较物的本质进行判断。

唯实比较法认为，从理论上看，只要具有充分的事实性基础，任何两个事物就可以成为可比较物并进行有效比较；有效比较在比较过程中都要受到尊重，采取相同的比较方法，这就是"比较过程的公正性"；对两个可比较物的性质和本质的辨别和判断在比较过程结束之后才能够作出，这是唯实比较法最重要的一个环节。

（二）可比较物

1. 有效比较。

唯实主义认为事实性赋予了两个事物之间的可比较性，是两个事物之间可以进行有效比较的前提和基础。也就是说，有效比较只能在充分的事实基础之上才能够展开，缺乏事实性基础就不具备进行有效比较的前提，事物之间便无法形成可比较性，它们便无法构成可比较物。事实性原则排除了根据表象、传闻和似是而非的相似性就将两个事物视为可比较物的做法。

2. 事实性是有效比较的唯一要求。

唯实主义相信世界的普遍联系性，对于事物之间的比较具有开放性。只要具有充分的事实性，任何两个事物之间都可以形成有效比较，都有权利享受有效比较的过程，它们之间的相关性或者不相关性是由事实性比较之后所得出的结论来判定的，而不是由先验性的和先入为主的判断或者是按照不同的比较标准来判定的。拒绝具有事实性基础之间的比较性和按照不同的标准进行比较都是比较过程的不公正性的体现。缺乏比较过程的公正性的比较是"无效比较"，得出的比较结果不足以成为判断事物的性质、本质和价值的根据。

3. 比附法与比较陷阱。

比附法是在两个事物缺乏事实性前提的条件下，无法确定两个事物是否是可比较物或者有成为可比较物的可能性的情况下对两个事物所进行的对比。比附法不是唯实比较，无法进行有效比较。比附法可以在任何两个事物之间进行，但是由于无法进行有效比较，比附法无法得出任何可信的结论。

比附法是对两个事物之间单纯依据直观经验而进行的一种粗

线条的比附，这种比附缺乏事实性、科学性和可信性，无法构成有效比较。但是，比附法同时也具备未知领域的不确定性和潜力性。这里面可分为两种情况：一种情况是它有可能是唯实比较法的先声和准备，其作用在于提出命题，引起研究者的注意，在获得了充分的事实性基础之后，比附法便可以上升为唯实比较法；另一种情况则是"无类比附"，即是在性质截然不同的两类事物之间的比附，两者之间缺乏基本的共同点。

将比附法当作比较法来使用是人们常犯的逻辑错误，由此而形成的"比较陷阱"比比皆是，在学术界同样存在，这导致了许多错误的认识和结论的得出。

然而，比较陷阱是具有动态性的，人类认知能力和思维水平的进步使比附法呈现时代性的特征。在人类早期被认为是有效比较的在后来却是无效比较和比附；而许多在早期被认为是无法形成有效比较的事物在事实性积累到一定程度之后却可以进行有效比较。科学知识的积累和进步不断改变着比较法和比附法之间的界限。

第九节　唯实主义与形而上学

唯实主义是严格意义上的哲学方法论，但是这并不妨碍唯实主义向本体论和认识论等其他的哲学领域进行合理的渗透和延伸。实际上，当唯实主义延伸到认识论领域之后，即将唯实主义的有效思考用来检测哲学史的命题和传统结论的时候，除了一场对哲学史的重估和整肃也会随之而来之外，形而上学也将被赋予严格的规定性和科学性。

一、事实性是形而上学的前提和基础

唯实主义认为只有建立在充分的事实性基础之上的关于一些根本命题的哲学思辨才是可以信任的形而上学，才是具有科学精神的形而上学，才是能够经得起推敲的、严肃的形而上学。也就是说，只有进行唯实主义的有效思考，只有建立在唯实主义的事实性的原则基础之上的形而上学才具有合法性和可靠性，才是合理而具有科学性的形而上学。

强调事实性并不是要降低形而上学的重要性，并不是要限制、削弱和堵塞形而上学；相反，事实性是要使其建立在事实性和科学性的前提和基础之上，为形而上学找到了真正的方向，赋予了形而上学以有效性。唯实主义的有效思考在剥出了大量的不实结论之后，也为形而上学找到了更有生命力的思维方式和方法论，也将为哲学提供新的、合理性的自由空间，因此唯实主义是对形而上学的一种解放，为它打开了通向新的层次和境界的大门。

缺乏事实性的形而上学是建立在想象和臆断等非事实性基础之上的哲学，是建立在沙滩上的楼阁，一旦遇到事实性的冲击和检验便会剥落、动摇，甚至土崩瓦解。遗憾的是，中西方哲学史上许多形而上学的观念和哲学思辨等都是建立在单纯的概念演绎基础之上的，例如神学和玄学。神学以信仰之名为宗教辩解，一方面用上帝来代替事实性，另一方面又斩断它们的结论与事实性之间的联系，将想象和虚构当作了真理。西方近代文明的崛起实际上就是在用事实性来挑战基督教和经院哲学。但是，近代欧洲对于中世纪经院哲学的反抗绝非彻底，形而上学由神学陷入了玄学，再次陷入了非事实性的认知误区之中，其高潮是以黑格尔哲学为代表的德国古典哲学。

中国古典哲学同样存在着违反了唯实主义的情况。例如，战国末期阴阳学家的五德终始说用五行相胜理论来解释王朝更替的规律，这显然是主观演绎的玄学而不是客观的历史规律。

　　人类的哲学史和思想史已经证明，不以事实性为前提和基础的哲学思辨会误入歧途，要么进入神学的领域，要么流于空谈，将形而上学变成了脱离现实依托的玄学。作为基督教和古希腊哲学的混合物的欧洲中世纪经院哲学也可谓具有高度的思辨性和逻辑性，然而事实性的缺失实际上剥夺了经院哲学的合理性和合法性，最终被强调事实性和科学精神的欧洲近代哲学所推翻，失去了统治地位。显然，欧洲近代哲学之所以能够推翻经院哲学正是它在对事实性的尊重和把握上超越了经院哲学。欧洲近代哲学的奠基人笛卡尔正是通过提倡科学精神才划清了与经院哲学的界限，开拓了欧洲近代哲学的一片新领域。笛卡尔之后的欧洲近代哲学尤其是英国的经验主义和法国的实证主义之所以能够不断取得进展，也正是它们能够以不同的方式在不同的层次上不断地在科学性和事实性的方向上拓展的结果。

　　我们必须从缺乏事实性的各种臆断中清醒，将事实性当作检验各种思想的试金石和铁律，清除任何缺乏充分事实性的各种观念，真正认识到：只有建立在观念事实基础之上的形而上学和哲学思辨才是基础牢固和经得起各种检验和推敲的哲学方法；只有这样才能够建立起关于人类事实的科学认知，包括对人类个体、社会、行为和历史的科学的认知，才能够引导人类采取正确的行为，才能够将人类历史置于正确的轨道上前行。

二、本体论的标准

　　本体论是形而上学的核心，然而在哲学史上对于本体论的标准并没有任何的规定性，似乎任何范畴都有资格成为本体论。这是哲学思辨的一个重大误区。本体论也必须要有规定性，这个规定性就是事实性，也就是说只有具有事实性的概念、范畴和实体才有资格成为本体论，缺乏事实性的概念不具有成为本体论的资格，应该从本体论哲学中加以清除。宗教和神学将上帝和神灵当作最高本体，发展出了神学本体论；从古希腊哲学开始，西方哲学便开始了以神学作为本体论的传统，苏格拉底哲学、柏拉图哲学和亚里士多德哲学都继承了这个传统。基督教与古希腊哲学在中世纪联姻形成了经院哲学，将古希腊哲学和基督教神学合二为一，而经院哲学之所以能够成功，重要的依据在于两者具有神学本体论的共同基础。欧洲近代哲学试图冲破神学本体论，但是在削弱它的同时却滋生出了其他形态的本体论形态，如康德的道德本体论等。

神学本体论是无法成立的，因为其核心即上帝是个虚构的概念，之所以是虚构的概念是因为上帝缺乏事实性。上帝的产生和存在有其人性和认知的根据，但是这些并不能否认上帝只存在于人的欲望和头脑之中，仍然只是个被赋予了概念和逻辑的幻觉，上帝体现的是人类"希望是"的欲望。

本体论同样不能以道德为核心和基础加以构建，这是因为道德只是人类行为的一个选择，并不具有普遍性，道德体现的是人类"应该是"的愿望，它体现的是某种价值观，并不具备人类存在和行为的客观性和普遍性。事实上，在神学本体论中已经包含了道德本体论的成分。上帝之所以具有感召力在很大程度上是他被赋予了道德审判权，是道德标准的最终体现者。

亚里士多德将"是"或者"存在（Being）"看作是本体论的核心概念，是具有合理性的。"是"超越了是的特征、状态和形态，是对一切是的高度概括和抽象。"是"是符合事物和人类的客观性和普遍性，具有事实性的基础。相比之下，神学的"希望是"和道德的"应该是"都是"是"的特定形态，都无法达到"是"所具有的事实性。

三、认识论的唯一对象

近现代西方哲学史的一个重要特征和传统是侧重于对认识论命题的探讨，但是西方哲学在很长的时期内都无法找到认识论的真正对象，直到科学性的发现和引入才使西方哲学真正认识到了事实性的意义。然而将事实性作为认识论最重要的对象却经历了许多歧途和波折，不仅对于科学史和事实性本身的认识本身就是个艰巨的险途，神学的反扑和各种哲学流派对于科学性的误解都使对于事实性的认识产生歧义。唯实主义认为，认识论的唯一对象是事实性，而且只能是事实性，只有抓住事实性这个主题，认识论才能够与科学性进行接轨，认识论才具有真正的意义。

四、唯实主义与价值哲学

价值与价值观离不开事实性。离开了事实性，对于价值和价值观的研究不仅失去了逻辑的前提，也失去了哲学思辨的可行性和可信性的基础。因此，唯实主义对于价值哲学的构建具有重要意义，能够发挥不可或缺的奠基性功能。事实上，只有当唯实主义作为价值哲学的方法论的时候，价值哲学的自觉性构建才能够获得实在的基础。这是因为唯实主义将使价值哲学摒弃神学、纯粹思辨和对于事实性的回避和否定，而去发现具有事实性本质的价值体系，从人的行为事实中去发现价值和价值实现的方法。唯实主义将事实性作为价值构建的前提和基础，使价值与人的行为事实之间建立起了唯一可靠的逻辑对应关系，这是价值哲学的可信性之所在，也是其生命力之所系。

在价值观的历史研究中，唯实比较法是不可或缺的方法。对于哲学史中的价值观必须通过观念唯实主义加以挖掘，客观和公正地看待哲学史中的价值观表述，这是将哲学史研究纳入科学研究的重要一环。

五、作为哲学史新标准的唯实主义

根据唯实主义的事实性原则来重新审视哲学史，也就是对其进行唯实解构，将导致对哲学史的全面重估和重构。

（一）对于认识论的唯实解构

西方近代哲学史一直存在着经验主义和理性主义的争论，实际上经验主义和理性主义代表着对于事实性的两种不同的态度和取向，是唯实主义的两种表现形式，完全可以用唯实主义加以解释。经验主义认为人类的直观经验是人类了解客观世界的唯一方法，也是获得知识的唯一途径。这显然是对事实性的一种尊重。理性主义则强调思维的先验性，认为人可以忽略直觉和经验，通过纯粹的思辨来获得知识。这显然是在否定事实性的意义和重要性。英国是经验主义的发源地，经验主义一直是英国哲学的传统，欧洲大陆则坚定地奉行理性主义，18 世纪末期和 19 世纪初期的德国古典哲学是理性主义得以发扬光大的时期。西方近代哲学的经验主义和理性主义之争一直无法得到解决，两者势如水火无法融合，西方哲学也在两者的对峙和争论之下受到了割裂，分为泾渭分明的两个流派。经验主义和理性主义的割裂使西方哲学难以形成理念上和方法论上的整体性。

唯实主义则为两者实现有机的融合提供了契机和桥梁。经验主义是获得事实性的一个途径，理性主义则是在事实性基础上进行归纳总结并进行哲学思辨的层次，两者是人类整体性思维的两个层次和阶段，两者各归其位才能从整体上把握人类的认知过程。

在中国哲学史中同样存在着事实性与纯粹思辨的矛盾，只是董学很早便总结出了基于人类事实的事实性（虽然当时的事实性在今天看来是不充分的，但是没有哪个时代的事实性是具有充分性的），战胜了缺乏事实性的纯粹的思辨，两者完成了有机的融合。然而在董学之后，人类的认知水平已经显著地提高了，所了解和掌握的事实性也空前丰富，董学也应与时俱进，在其构架之内融入更多的关于事实性的思考，而这种思考将会给董学带来发展的新契机。

（二）对于本体论的唯实解构

西方哲学史的本体论包括古希腊哲学的存在本体论、中世纪经院哲学的神学本体论和现代德国哲学的海德格尔的人的本体论。唯实主义认为，这些本体论都存在着各自的问题，都不是最理想的形而上学主题。

古希腊哲学的存在本体论将世界的本源性问题归结为存在。存在是物质世界和人类世界一切物质的基本属性，具有同一性和抽象性，具有深刻的哲学概括性。然而存在是作为世界的本源被提出的，而并没有突出人类的特殊地位，将人的存在与物质性的存在放在同一个平面上来考察显然抹杀了人类的特殊性和主体性，而用存在来考察人类的基本属性或者全部属性并没有抓住人类的本质和特殊性。

基督教和古希腊哲学的结合体经院哲学将上帝视为本体，用上帝来解释物质世界的本源和构成命题，违背了唯实主义的事实性原则。

20世纪的德国哲学家海德格尔发现了古希腊哲学在本体论命题上的不足，试图将人作为形而上学的命题，这无疑是西方形而上学史上的一个里程碑。然而，海德格尔的贡献也到此戛然而止了。他没有提出人的本质是什么，形成了虎头蛇尾的现象。在海德格尔之后，西方形而上学后继乏人，以人为核心命题的西方形而上学仍然无法建立起来。

中国古代哲学的形而上学是以董学的"天人合一"理论为核心和主体的。虽然董仲舒革命性地提出了将天地人三者并列的三维本体论，但是天人关系受制于阴阳五行哲学，无法全面地反映人的主体性。近现代自然科学的飞跃无疑暴露出了阴阳五行观的严重局限性，这也对董学的三维本体论提出了必须要与时俱进的挑战。

第十节　唯实主义与经验主义

经验主义（Empiricism）是西方哲学重要的流派，是近现代英国哲学的主要传统，与欧洲大陆国家的理性主义形成了相互对应的认识理论，长期处于相互攻讦的状态。活跃于 17 世纪末期的英国哲学家约翰·洛克是英国经验主义的鼻祖和代表人物，他的信徒和追随者遍布英国和欧洲大陆。英国的休谟等哲学家进一步夯实了洛克的经验主义哲学，使其成为英国牢固的哲学传统。

经验主义认为人的经验是认识事物的唯一手段。经验主义认为，人的认识有两种：一种是对于概念的认识，另一种是知识的产生。而经验是导致这两种认识的唯一途径和方法，任何没有被人的感官所经验的概念和知识都是不可靠的。按照约翰·洛克的归纳，经验包括自觉、理性和感觉。自觉用来认识人自身的存在，理性用来认识上帝的存在，感觉用来认识具体的事物。

经验主义的许多观点在现在看来都是常识性的，但是在 17 世纪后期英国的洛克提出经验主义哲学的时候却是振聋发聩，具有巨大的独创性。经验主义之所以产生重大影响是因为它注重人的感知，并且否定了从古希腊柏拉图开始一直到中世纪哲学的一个基本哲学原则，即人的认识都是先验性的，都是人的头脑对于某种先验理念的具体反映。由此看来，经验主义应该被理解为是重视事实的，是与事实性相通和契合的。然而，经验主义并没有事实性这个概念和范畴，经验主义的确定性（Certainty）是最接近事实性的概念了。但是，确定性与事实性却是完全不同的范畴。

例如，对于洛克来说，世界上只有三种确定性，即人的存在、上帝的存在和数学真理。可是，确定性并不一定来自于和基于事实性，也可能来自于和基于宗教信仰和纯粹的逻辑推理。认为上帝的存在具有确定性这样的认知表明洛克的经验主义还没有与经院哲学划清界限，也无法从根本上切断与理性中的先验成分的联系。

经验主义在此犯下了一个最基本的逻辑错误：既然感觉和经验是获得概念和知识的唯一途径，那么作为最具确定性的上帝一定是感觉和经验所能触摸到的最经常的存在了，然而洛克却承认上帝是无法被感知的，而只能通过理性来判断。洛克在此无疑是陷入了两难的困境：要么通过经验否定上帝的存在，要么通过上帝存在的确定性否认经验的可靠性。然而洛克却无法作出选择。由此可见，经验主义除了还没有形成对于事实性的最基本的理解，还没有上升到事实性的高度上去看待世界之外，它还无法对经院哲学构成真正的挑战，无法形成客观而有效的认识论和方法论。

在方法论的层面上，经验主义的内涵是比较狭窄的，所强调的仅是作为认知方法和途径的具体的感官对于认知的唯一性和绝对性。相比之下，以事实性为核心的唯实主义无论在内涵、外延还是在方法上都比经验主义广泛和丰富，认为经验仅是获取事实性的方法之一。因此，唯实主义和经验主义两者是完全不同的视界，经验主义可以说是唯实主义某种初级的准备和一种基本的方法。

从认识论的逻辑上看，经验主义与理性主义一样受制于西方哲学内在的逻辑缺陷而无法自拔，我们不妨称为西方哲学认识论的内在逻辑悖论。经验主义否定先验认知，认为先验方法并不是认识客观事物的可靠方法，而只相信人的具体感知所获得的概念和知识。那么人的感知来自哪里呢？对于这个问题，无论是洛克还是后来的所有经验主义哲学家如休谟等都无法给出合理的答案。事实上，人的感知与人的某些先验的认知能力一样都是人的内在规定性，属于人性的范畴。经验主义否定认知的先验性与柏拉图等人否定或者贬低感觉对于认识的重要作用在逻辑上犯了同样的错误，即肯定部分人的内在规定性而同时又否定了另外一些人的内在规定性。先验性与经验方法一样都是人的内在规定性与客观事物的关系方式的一种表达方式，否定了先验性在某种程度上等同于否定了经验方法。这样一来，经验主义便暴露出了自身内在的逻辑悖论。

对于洛克这样具有强大的独创性和思辨能力的哲学家来说，为什么会漏掉了感官的主体和实施者即人呢？实际上洛克并没有漏掉人，而是他对于人的理解出现了问题。虽然洛克的经验主义在许多方面是建立在对于中世纪的经院哲学挑战和否定基础之上的，但是如同笛卡尔一样这种挑战和否定是局部的和不彻底的。洛克本人一生笃信基督教，虽然在具体的哲学观念上对于基督教的见解有所保留，但是他从来没有怀疑过上帝的存在，也没有怀疑过人是上帝的附庸的根本观点。因此，在洛克看来，站在感官背后的并不是人，而是上帝。"我们的真正和最长远的利益是我们的拯救和来世，并且，洛克认为，上帝赋予我们所需要的行动和信念，使我们能够了解彼此和了解上帝。"[①]洛克的逻辑是：既然人是上帝的创造物和附庸，人们只需了解上帝，而无需了解人了。洛克想当然地认为经验主义不需要独立的人性理论，人性观就是基督教的上帝观。随着近现代思想的进步，上帝终于逐渐退出了人类主宰的本体论位置，但是上帝所留下的巨大的逻辑真空却并没有被后来的西方哲学家们所填充和替代，这样一来，经验主义和整个西方哲学的认识论便出现了一个没有被填充的逻辑断层，

---

① 见 *Introduction to An Essay Concerning Human Understanding*, John Locke, Penguin Books 2004, p.xi。

这个逻辑断层造成了西方哲学在认识论上的内在悖论。

事实上，经验主义所留下的逻辑悖论是西方哲学在认识论上的根本性的悖论，存在于所有的流派之中[①]。这个悖论本质上就是试图略过人来把握人的认知方式，在没有形成对人和人性的基本理论和认知的前提下便要得出人类认知的具体的规律。西方哲学的这个悖论至今仍然没有得到解决。

唯实主义不是西方哲学，它不接受西方哲学的内在规定性和传统，当然也不受这种内在的逻辑悖论的束缚。

从经验主义的发展历史来看，它为近现代西方自然科学的进步提供了哲学基础，起到了促进作用，也就是说经验主义更适合于自然事实，而对于另一类事实即人类事实则并没有作出突出的贡献。洛克的自由主义的政治哲学与经验主义并没有形成一个具有内在逻辑关系的紧密整体，洛克的哲学也没有形成一个在统一的逻辑和理念统领之下的体系。洛克之后的英国和西方哲学也并没有将政治哲学与经验主义或者形而上学进一步融合，形成自圆其说的哲学体系。

第十一节　唯实主义与西方认识论体系

本节将唯实主义与西方哲学中的主要认识论体系进行简明扼要的唯实主义比较。通过唯实比较，唯实主义的独立性和独特性

[①]　一些西方哲学史家对于西方哲学的认识论悖论已经有所察觉。例如，著名的英国哲学家和西方哲学史家罗素便在其《西方哲学史》中提出过这个问题，说道："Empiricism and idealism alike are faced with a problem to which, so far, philosophy has found no satisfactory solution. This is the problem of showing how we have knowledge of other things than ourself and the operations of our own mind."（经验主义与唯心主义一样面临着一个至今仍然在哲学上一直没有得到满意解决的问题。这个问题就是展现出我们如何认识除了我们之外的事物以及我们自己的头脑如何在进行运作）见 *The History of Western Philosophy*, Simon & Schuster, Bertrand Rusel, 1972, p.611。

得以彰显。

一、唯实主义与唯心主义和唯物主义

唯物主义与唯心主义是西方哲学的一个传统分类方式，体现了西方哲学以本体论和认识论为核心和逻辑主线的特征。唯物主义和唯心主义既是本体论，涉及对世界的本源和实体的构成和本质的不同回答，也是认识论对于人类认知的本质和方式具有不同的解读。唯物主义与唯心主义对于认知的取向和逻辑也具有影响，会发挥方法论的一些功能。

唯实主义的核心和逻辑主线是事实性，但它本质上是一种严格的方法论，虽然可以（有效地）延伸到认识论领域，但是它并不是对于本体论问题的直接回答。虽然如此，唯实主义与唯物主义更加接近。唯物主义认为世界的本源和构成完全是物质性的，是具有客观性的，这实际上是与唯实主义的自然事实契合的。唯物主义认为物质性是自然科学的基础，实际上就是说物质性的事实性是自然科学的基础。唯物主义认为人的思维、人类社会和人的实际活动都是物质性的，这等于认为唯实主义的人类事实具有物质性。然而，物质性与事实性却是不同的概念和范畴。事实性强调的是人在认知中尤其是在对人类事实的认知中如何准确地去把握、完善和运用事实性，是一种认知方法；物质性可以是事实性的，也可以不是事实性的，或者尚未形成事实性，也就是说物质性并不等同于事实性。在另一方面，如果人类的行为具有物质性的本质的话，那么事实性就一定是物质性的。

唯物主义的客观性与唯实主义的客观性在本质上是相同的。客观性是唯实主义构建事实性的必要条件，失去了客观性便失去了事实性存在的基础，也就不会出现真正的事实性。物质性是否等同于事实性要通过人的思维和认知对事实性的构建来完成和确认；客观性是要通过事实性来体现和完善的，事实性是客观性的综合和整合。

唯实主义与唯心主义是对立的，就如同唯实主义与宗教、迷信和谎言对立一样。唯心主义认为世界的本源和构成是精神性的、主观性的，否定了事实性的必要性，在缺乏事实性的基础上进行哲学思辨，这与唯实主义的基本原则是根本对立的，是唯实主义所无法接受的。从方法论的角度上看，唯心主义与唯实主义是相互排斥、水火不容的。只有否定了唯实主义，唯心主义才会获得立锥之地；唯实主义要成为普遍而科学的方法，就必须在思维上铲除飘忽于事实性之外的各种形态的唯心主义。

历史学和哲学史中的许多谜案、冤案和思维定势都有唯心主义的影子，要破解这些谜团，要为冤案平反昭雪，要铲除形形色色的思维定势就一定要摧毁它们唯心主义的哲学基础。

二、唯实主义与一元论和二元论

在西方哲学的认识论中，除了唯物主义与唯心主义的划分标准之外，一元论与二元论同样是十分重要的标准。

一元论认为人的认知对象即客观事物与人的认知结果和知识之间不存在隔阂，是统一的和一元的。一元论可以分为两种：一种是绝对唯物主义的，它认为客观事物是人的认知的唯一来源，人的认知能够准确无误和毫无保留地反映客观事物，人的主观性是无条件地服从于客观性的，这是唯物主义的一元论；另一种一元论则认为人的认知完全是主观的，并不存在所谓的客观事物，客观事物的所有品质都是人的主观性所赋予的，客观性要无条件地服从于人的主观性，这是主观唯心主义的一元论。

二元论认为作为人的认知对象的客观事物与人的主观认知是完全独立的两个过程，后者并不能够准确而完整地反映出客观事物的本质和特征，人对于客观事物的认知是人的主观性所赋予的，与被认知的客观事物并没有同一性，而客观事物的本质和特征是独立存在的，是无法被人所彻底认知的。二元论思想在西方古已有之，而德国哲学家康德最为深入和系统地解析了二元论，成为二元论思想最具代表性的思想。

一元论与二元论探究的命题是人的认知与被认知物之间的关系，这与唯实主义将事物存在本身即事实性视为唯一的研究命题是不同的。唯实主义只注重事实性本身，而事实性是超越一元论和二元论的范畴框架的。

三、唯实主义与实在论和唯名论

除了以上两种划分标准之外，西方哲学还存在着实在论与唯名论的争辩。实在论与唯名论在哲学命题上与二元论和一元论有重复之处。

实在论起源于柏拉图哲学。柏拉图认为人们对于事物的认识是对事物的先天本质的折射和表现，这就是他的二元论的实在论。亚里士多德并不完全同意柏拉图的实在论，认为具体的事物本身就代表着其本质，形成了唯名论。由此，西方哲学史开始了实在论与唯名论的历史纠结。两者争论的主要主题是人类认知和知识与事物本质的关系以及特殊性与普遍性之间的关系，前者属于西方认识论的范畴，后者则属于西方辩证法的范畴。在20世纪初期，这种争论在科学哲学兴起之后再次出现，并且出现了具有妥协倾向的所谓的新实在论。

唯实主义的核心主题是事实性，事实性与事实性发生背后的决定因素和事实的本质是两个不同的哲学命题，唯实主义接受事实性并且专注于对事实性的呈现，与实质论的命题不发生直接的逻辑关系。

第三章　历史唯实主义

　　毫无疑问，唯实主义适用于自然科学。然而唯实主义最重要的实践领域在于对人类事实的研究中的应用，而这意味着唯实主义与历史学有着天然的内在联系，对于历史学有着重要的意义。当唯实主义关于事实性的标准和原则被系统地应用于历史学时，便是历史唯实主义（Historical Factualism）。人类通过历史来塑造自我，人类存在于历史之中，历史学是人类自我认知的一个极其重要的维度。历史学最需要的不是各种推断和结论，而是事实；只有获得了事实性，历史学的各种推断和结论才具有可信性。而为了获得事实性，历史学更加需要客观、公正和科学的方法论来加以指导和保驾护航。

　　历史唯实主义严格地贯彻唯实主义的基本原则和方法，历史唯实主义是"以实为瞻"的历史研究法，是以事实性为首要研究对象的历史研究方法。历史唯实主义是唯实主义在历史学这个特定的领域里所表现出其特定的原则、方法和规律。

　　由于属于哲学史范畴的观念事实也具有事实性，并且它与行为事实和历史事实有着密不可分的逻辑关系，历史唯实主义的原则、方法和规律同样可以应用于哲学史的研究中。当历史唯实主义应用于哲学史的研究时，便形成了观念唯实主义。历史唯实主义与观念唯实主义是相辅相成的。在哲学史的研究中，历史唯实主义是以在历史学中存在的行为事实和观念事实作为依托的，在唯实主义的哲学史研究法中，以观念事实的事实性为标准和原则来审视观念史和意识形态之间的现实互动是观念唯实主义和历史唯实主义的共同任务和主题。

历史唯实主义严守客观和公正的立场，杜绝在缺乏坚实而充分的事实基础之前便以价值观和某种主观的原则和标准来裁剪历史学和哲学史。事实性的实现为建立科学的历史学提供了可能性，而建立起具有科学精神的历史学也是历史唯实主义的目标。

第一节　历史唯实主义的内在规定性

本节阐述的是作为唯实主义在历史学领域之延伸和应用的历史唯实主义的特殊规定性。事实性在历史唯实主义中表现为行为事实。行为事实是事实的一种，在拥有事实性的共性的同时也具有历史学专业的特殊属性。

一、作为历史学方法论的历史唯实主义

历史唯实主义是作为纯粹的历史学方法论而发挥其功能的。

（一）纯粹的历史学方法论

如果说作为哲学方法论的唯实主义可以有效地延伸到形而上学领域并且对其中的主要命题进行唯实解构和唯实重构的话，那么历史唯实主义则是纯粹的历史研究和历史学的方法论。从实际应用和操作的层次上看，历史唯实主义实际上就是历史唯实法。历史唯实主义并不参与除了对于历史事实的挖掘、考辨和比较之外的命题，它不参与价值判断和价值评判，不涉及关于伦理学和是非观等领域及其命题的讨论，这点与参与价值判断的西方实证哲学显然是不同的。历史唯实主义不存在任何的先验论、虚无主义和玄学的成分，杜绝任何先入为主和似是而非、模棱两可的判断，对于事实性的绝对性的专注赋予了历史唯实主义具体的、实在的和可把握的特征。

（二）历史唯实主义的功能

历史学对于人类的自我认知、民族与国家文化的传承以及意识形态具有重要的地位，历来受到特别的重视，正因如此，历史学也成为国家权力染指的一个重要领域，是事实性与形形色色的非事实性进行博弈的一个主战场。同一个历史事实经过各种作伪变得版本纷呈、面目全非和真假难辨。在包括哲学史在内的历史学领域内的正本清源和拨乱反正的任务是十分艰巨的。

从纯粹的方法论层面上看，历史唯实主义就是历史唯实法，当将这套方法严格地应用于历史学和哲学史时，会作出许多重要的发现和结论，其意义已经超出了单纯的技术层面。通过唯实主义的唯实解构和唯实重构，可为历史学和哲学史的拨乱反正、正本清源和重构提供坚实的基础和技术支撑。也就是说，历史唯实主义关乎历史学的科学性的建立，关乎历史学的重构的原则和方法，关乎人们通过历史学对人类本质的理解。

二、历史唯实主义的事实性

历史事实具有不同的种类，它们是处于进化过程中的立体结构。唯实史料是唯一可以信赖的史料。

（一）历史事实的种类

从总体上看，历史事实属于人类事实，是从时间维度来记录、划分和分析的人类事实。从具体的形式上看，历史事实具有多样性的特征，历史事实可以细分为实物事实、观念事实和行为事实等三种类型。

古代的建筑和器物遗存、考古发现中发掘出来的各种物品都是实物事实。

观念事实是指体现着人们认知和思想的事实。观念事实包括宗教史、哲学史、科学史（天文学、医学、物理学、数学等）等领域。

行为事实是指人类从认知到行动的整个事实，包括观念事实、实物事实和行动事实等环节。行为事实是人类事实的最高范畴。历史事实由行动事实转化而成，也就是说，当行动事实进入了历史学领域之后，行动事实便转化为了历史中的行为事实即历史事实。

无论是实物事实还是观念事实，只有落实到人类行为之上，变成行为事实的有机组成部分才能够发挥历史功能，才具有历史意义。因此，虽然实物事实和观念事实具有相对的独立性，但是在很大程度上它们是作为行为事实的构件而存在的。从行为主体上来划分，行为事实可分为个人行为、集体行为、国家行为和文明行为等。至今为止，历史学的行为主体是国家行为，也就是说，只有当个人和集体的行为与国家行为发生关联时，才具有充分的历史学意义。在中国历史上国家行为在很大程度上代表着行为事实，中国的二十四史之所以侧重于记述帝王将相就是因为他们的行为从不同的侧面代表着和体现着国家行为，这也反映了中国的二十四史抓住了历史运动的内在规律。

不同的事实具有不同的意义，其重要性也各有不同。实物事实是行为事实在实施过程中的物质载体，是行为事实不可分割的组成部分。人的行为是受观念指导和控制的，观念事实是行为事实尤其是国家行为事实所赖以生成的认知依据。行为事实是事实的主体，之所以如此是因为人类的目的和欲望是通过行为去争取和获得实现和满足的，历史学的最终目的就是要对人类的行为事实进行忠实的记录和分析，为最终发现人类历史的规律提供史料基础。

历史学内部再分类的根据之一是历史事实的种类，随着历史学的不断发展，历史学内部的再分类终于落实到了实处，体现为日益精尖的细化和专业化。原先混同于历史学的实物事实在 19 世纪后期被分离了出来，成为考古学的主体。而在 19 世纪初期，原来作为历史学一部分的哲学史也随着哲学观念史的发展而从历史学中独立出来，成为专业性很强的历史学分支。考古学 ① 基于实物事实，哲学史、宗教史和科学史等基于观念事实，总体性的历史学的主体则是行为事实，是各种事实的总汇。

　　对于事实的细致分类导致历史学内部的分类一再细化，历史学各个分支的范围日益狭窄，各种专门史的内容也日益艰深，专门史出现了游离于行为事实的母体的倾向。虽然日益加深的细化和专业化对于历史学具有促进作用，有利于发掘出事实性的真实性和整体性，有利于发现人类行为的逻辑和因果互动关系，但是与母体渐行渐远，"自立门户"在方法上却是个错误的倾向。历史学分支的独立性和专业化是相对的，它们不应该因此而脱离开人类行为的历史事实的母体。我们通过考古学研究各种实物事实，通过哲学史、思想史和科学史研究人的观念发展的历史，其落脚点都是人类行为的历史事实，都是为了重建古人的行为事实，发现和分析古人的行为方式，通过构建其行为模式而发现人类历史的运动和演化规律。从这个意义上看，考古学和哲学史都是行为事实重建的一个维度和步骤。

　　（二）历史事实的唯一性和多样性

　　唯实主义认为，事实性具有唯一性，而事实性的来源却是多样性的，两者并不构成矛盾体；相反，后者是对前者的充实和支撑。

　　唯实主义的事实性的唯一性理念在历史唯实主义的范畴之内具有重要的意义。它一方面说明了历史事件的事实性的唯一性与

———————
① 现代西方学术将考古学纳入了人类学之内，但是考古学作为历史学的属性并不会因此而改变和削弱。

其来源的多样性之间的关系，即两者并不矛盾和冲突；相反，历史事实的来源的多样性和开放性是其唯一性的表现方式。多样性不仅包括同一类性质的不同侧面的折射，也包括多个层次、视角和维度对于事实性的反映。在历史学中，同一个历史事实会得到参与者、观察者、考察者、检测者和历史撰写者等不同性质的人的表述。而在同一类人中如参与者也具有多样性，代表着不同的阶级和阶层，为了不同的利益而参与到一个特定的历史事件中来。而在代表着官方利益的检测者中存在着从不同的层面来对该历史事件进行评估的官员，他们会从政治、经济、文化和历史等角度来对其进行检测和评估，检测其是否符合国家和统治阶级的利益。

在历史学和哲学史中，传统的研究方法如考据学、王国维的二重证据法、文献古籍、简帛、考古发现和外来文化的观点和发现等都是丰富和考察事实性的来源，都是历史唯实主义的组成部分。方法上的多样性和开放性都在为了一个目的的努力，即从不同的侧面来夯实和补充事实性，使其更为真实、完整和丰满，直到形成特定事实的唯一性。

（三）唯实史料

历史事实来源的多样性通过唯实史料表现出来。史料是历史学的食物，缺少了史料就无法形成历史学，然而史料中鱼龙混杂，要获得历史事实的真实性就必须去伪存真，发现和挖掘出唯实史料。也就是说，要真正挖掘出、认识到和把握住历史事实，首要的前提和基础是确认唯实史料。唯实史料就是能够直接反映和体现历史事实的具有真实性的实物史料和文字史料。

实物史料是指历史上流传下来的与特定的历史事实相关的实物遗存，包括各种建筑和考古史料，包括墓葬、实用物品、艺术品等。文字史料是指针对特定的历史事件的当代或者后代的官方和民间的描述、记载和评价等历史学材料。

并不是所有从历史上流传下来的实物和文字材料即历史材料都是唯实史料，真实性和相关性是鉴别历史材料是否是唯实史料的标准。真实性是对于历史材料的真伪的鉴别，假冒和仿制的赝品必须加以摒弃。有些历史材料具有真实性，但是未必与特定的历史事实相关，也就是说它们缺乏相关性，这也无法构成唯实史料。

唯实史料是动态的，即使静态的唯实史料也具有动态性。这是因为现代自然科学的不断进步会发明新的分析手段和方法，从不同的维度使固有的唯实史料提供新的信息。现代的基因科技、卫星勘测等不但能够带来新的历史材料，还能够从现有的唯实史料中大大拓展信息量，对其进行新的分析、检验、否定和确认。

历史学家已经认识到，由考古学和高科技所引发的唯实史料的大规模发现会带来历史学的重大变化，对于事实性的建立甚至会产生革命性的变革。

（四）历史事实的立体结构

唯实主义认为，事实性具有立体结构，对于历史事实来说尤其如此。历史事实的立体结构表现在两个方面：

第一个方面是历史事实具有层次性。历史事实不会一步到位地呈现在人们面前，历史事实是个需要不断被发现和挖掘的历史过程。要获得历史事实的真实性和完整性并不是件容易的事情，唯实史料的收集本身就是个艰巨的工作，而对于牵涉到严重的利益冲突和受到国家权力干预的事件尤其如此。利益的考量会大于对于事实性的尊重，而国家权力会存在作伪行为，这些都会导致历史事件的事实性受到篡改、掩盖和人为的扭曲，要获得真正的和完整的历史事实就必须超越利益纠葛，就必须超越阶级和个人的偏见和局限性，就必须剥离国家权力的作伪所带来的假象，复原被掩盖和忽略的环节。要完整地做到这些需要大量的努力，有些历史事实经历了几百年甚至上千年仍然无法得以澄清，这种现象在古今中外的历史学中比比皆是。

第二个方面是历史事实是个立体的行为链条。历史唯实主义并不满足于在个别的点上挖掘事实性和真实性，而是要对所有的行为事实挖掘出事实性和真实性，并且将各个行为事实上的各个点连接成线，由线编织成面，由面构建成立体性的行为结构。从纯粹的技术层面上看，这就是中国传统的考据学与历史唯实主义之间的重要区别之一。

历史唯实主义的事实性的立体结构是由人类行为的立体性特征所决定的。为了真实地反映和表述人类行为的立体结构，历史学的事实结构也必须是立体性的。

在更深的层次上看，建立起事实的立体结构关乎价值的发现与再发现。价值不会通过一个行为事实来体现，价值要通过行为事实的行为链条和立体结构才能够得到充分的体现。因此，要发现历史的价值就必须首先建立起事实的立体结构。只有在行为事实结构的基础之上才能够发现其特定人群的行为规律，才能够发现其行为模式。

三、历史事实的事实性标准

唯实主义关于事实性的三个标准适用于历史事实的事实性。然而，针对历史事实，这三个标准具有不同的意义。

（一）真实性

真实性在历史唯实主义中具有特别重要的意义。

历史唯实主义中的"实"所指的是对历史事实的反映和构建，它具有两个层次的含义：一是指真实性，二是指事实性。根据唯实主义的事实性的三个标准，即真实性、主客观的有机融合性和完整性，历史唯实主义更加强调真实性。既然真实性已经是唯实主义的事实性的三个标准之一了，为何还要将真实性单列出来？这是由真实性对于历史学的独特意义决定的。除了真实性是事实性的必要条件和原则之外，将真实性放在更加突出的地位是因为对于历史事实来说，真实性是其他两个标准的前提和基础，缺乏了真实性，主客观的有机融合性和完整性便无从谈起，即使后者得以构建也是初步的，也要反复经受真实性的甄别和检验。对于历史学来说，缺乏了历史事件的主客观的有机融合性和完整性，历史学还可以存在，虽然它是不完整的和缺乏科学性的存在，而一旦历史学失去了真实性，历史学存在的必要性便变得不充分了。

在历史学的发展过程中可以看出，从某种程度上看，事实性构建的立体性结构和开放性过程是在真实性不断得到检讨、补充和夯实中进行和完成的。也就是说，历史事件的事实性必须以真实性为前提和基础才能够存在和构建，事实性是真实性的目的，事实性就是在真实性的基础上逐渐完善，并且最终达到完整性和唯一性的境地。特定的历史事实的内涵是其事实性的构建，历史事实的构建是个立体的、开放性的过程，需要真实性的不断积累，最终形成事实性的完整性。完整性并不是事实性的终点，事实性的唯一性和绝对性代表着事实性的立体构建的结束，代表着历史学的科学性的获得。

显然，历史唯实主义对于事实性和真实性的规定与唯实主义具有同一性。在历史学的研究中，事实性和真实性是"实"的两个相辅相成的层次和要素，两者共同构成了"实"的完整性。

（二）主客观的有机融合性

主客观的有机融合性体现在历史事实的真实性和完整性中。缺乏主客观的有机融合性，历史事实便缺乏真实性，便无法构建完整性。

主客观的有机融合性对于历史事实十分重要。任何一个重大的历史事实都是由诸多的行为体和参与者构成的，其产生是诸多行为线索经过长期的准备和酝酿的最终结果，都具有复杂的过程和层次，不同的行为体和参与者对此都具有不同的主观认知。要反映出一个历史事实的真实性和完整性，就必须如实地考察其客观结果，综合各种主观认知，进行细致地逻辑梳理，而这绝不是一蹴而就的，需要一个漫长的唯实史料的收集、整理和梳理的过程。

（三）完整性

从某种角度来看，历史事实的完整性对于揭示国家行为和意识形态的奥秘会发挥出重要功能。例如，用部分的真实性来代替事件的整体性是国家作伪行为的一个被经常使用的技巧和伎俩，甚至是国家意识形态的要求和"政治正确性"的组成部分。为了证明国家行为的正义性和可靠性，为了维护国家利益，国家权力经常会使用部分的真实性来解读与该政权相关的历史事实和国家行为。用部分的真实性来代替历史事实和国家行为的事实性就是强权国家掌握和控制话语权的重要方法。掌握和控制了话语权便可以以偏概全，甚至颠倒黑白，完全搞乱行为事实的逻辑链条、真实性和事实性，为了满足自己国家的利益而服务。也就是说，失去了事实的完整性便丧失了真实性，便为各种扭曲、篡改和颠覆铺平了道路。

在被意识形态化了的历史学中，对于同一个历史事件的描述会是截然相反的和相互冲突的。这种现象在当今世界上仍然是普遍的现象。这说明，21世纪的历史学仍然受意识形态的挟制，是国家政治的工具，它还远没有达到科学的境地。虽然不能将意识形态一概定义为扭曲历史学和哲学史的外在力量，但是意识形态扭曲、篡改历史学和哲学史的事例却屡见不鲜，成为国家政治不可或缺的组成部分。

第二节　历史事实性的构建方法：逻辑倒推法

历史唯实主义认为，历史与历史学是本质上完全不同的两个领域，历史并不等于历史学，历史学在许多情况下也并不是历史。历史是人类行为的发生过程，它们独立于历史学而存在。历史学是对已经发生过了的人类行为的记述、分析和评价，它依附于人类历史，人类行为的终结意味着历史学的终结，人类行为方式的改变意味着历史学内容的改变。虽然如此，历史学却与人类历史有着完全不同的性质。历史学属于人类的认知领域，属于政治领域，属于国家意识形态，人类的认知能力和自觉性在多大程度上能够反映出人类行为的历史则是一个与人类行为本身完全不同的过程。历史与历史学的重要的交叉点之一是实物事实。实物事实是历史学不得不面对的历史，不得不对历史作出反应。历史学通过实物事实来反映历史的方法之一便是逻辑倒推法。

人类在生成各种行为时会时常采用逻辑倒推法来分析自己和其他行为体的行为历史和行为过程。同样的，历史学在对历史事实的构建过程中，逻辑倒推法是必要的研究方法。逻辑倒推法是由一个已经得到了确认的历史事实通过倒叙性的逻辑推演来确认另一个历史事实的分析方法。

如果 B 是个历史事实（包括行为事实、观念事实和实物事实），那么由 B 的存在、特征和目的性可以倒推出历史事实 A 的存在。因为从生成关系来看，只有通过 A 的存在才能够导致 B 的产生，因此由 B 可以确认 A 的存在。

在这个过程中，B 是显性的历史事实，A 则是隐性的历史事实。所谓显性的历史事实，即显性事实，是指被当时的文献通过文字记载下来，或者 / 并且被实物保存下来的且得到了验证的历史事实。所谓隐性的历史事实，即隐性事实，是指曾经在历史中发生过和存在过却并没有通过文字和实物记录和流传下来的事实。

从人类历史的构成来看，显性事实是少数的和局部的，隐性事实是绝大多数的和全面的，前者只是历史事实过程的个别片段和节点，并不能够记录和反射出历史的完整过程和所有的细节。历史学的重要目的就是要通过零星的显性事实来再现出完整的人类历史行为链条，钩沉出重要的隐性事实。

逻辑倒推法并不是新奇的方法，而是已经在考古学领域得到了广泛应用的研究方法。事实上，逻辑倒推法是考古学最主要的思维方式和研究方法。通过对挖掘出来的物品进行充分的客观研究之后，一些出土物被确认为实物事实，这是考古学研究的第一个阶段。第二个阶段就是要从考古实物事实中钩沉出历史信息，这个过程所采用的思维方式和研究方法就是逻辑倒推法。在一百多年的考古学实践中，逻辑倒推法被证明是严密可靠、行之有效的科学方法，没有这个方法的指导考古学是不可能取得辉煌成就的。

历史唯实主义认为，历史学家要有意识地将在考古学中广泛应用的逻辑倒推法主动应用于历史学的研究。以事实性为基础和唯一准则的逻辑倒推法不但不会破坏历史学对于人类行为历史和过程的反映和重建，反而会将更多的隐性事实挖掘出来，组成人类行为的行为链条和逻辑结构，这对于科学地认知人类行为的历史无疑是个巨大的促进。

第三节　历史学与科学

历史学是否是科学、能否成为科学以及如何才能成为科学，这些是从近代以来一直具有争议性的命题。历史唯实主义认为，历史是可以拥有科学性的，是可以达到科学层面的。为了达到科学层次，历史学者不但需要漫长而艰苦的唯实构建过程，更需要选择特定的历史基点。因此，强调历史学中的科学性和科学精神具有现实而具体的意义。

一、事实性与历史学

历史唯实主义认为，事实性是一切历史学的基础，离开了事实性，历史学便在很大程度上失去了存在的价值。这个原则同样适合包括中国哲学史在内的哲学史的研究。

实际上，历史学很早就理解事实性的重要性，但是并没有确立事实性的唯一性。在最初的历史学中，除了历史事实之外，历来的历史学还可以建立在传说、神话和推测的基础之上，在国家成为人类存在的主要组织形态和政治实体之后，体现国家意志和王朝政治的意识形态则是塑造历史学最重要的力量，而国家意志下的历史学并没有自觉地追求事实性的唯一性，而是国家权力在事实性与非事实性之间玩弄的游戏。当历史事实与意识形态相左或者可以在某种程度上削弱国家和王朝的合法性之时，事实性就要让位给政治性了，成为政治的附庸。因此历史学发展的过程也就是逐渐认识到事实性的重要意义的过程，是事实性不断向唯一性迈进的过程。

历史唯实主义不接受非事实性的历史学，认为无论是正史还是野史，历史学都必须严格地遵守事实性乃唯一的历史学的基础的原则。

有的学者认为，历史学的对象是史料，"史学便是史料学"。这实际上是混淆了事实性的来源和事实性本身的区别，是不对的。事实性是通过史料来反映的，但是史料却并不等于历史事实。历史学家如果只关注各种史料之间的演绎，而忽略了历史事实本身及其逻辑和过程，那就还没有理解历史学的真谛，还没有成为一名合格的历史学家。从逻辑上看，将史料等同于历史学也是站不住脚的，恰如人的呼吸离不开空气，但是空气并不等于呼吸本身。

将历史学等同于史料学最主要的弊端是将历史学等同于显性事实，这就放弃了占绝大多数的隐性事实的存在，等于放弃了人类历史的行为事实本身。如此的史学只能折射出人类历史的个别片段，而无法展现出历史的整个行为链条和过程，等于在很大程度上放弃了对人类历史的研究。

将历史学等同于史料学的另一个弊端是等于承认了文字的霸权，在很大程度上也接受了意识形态对于历史学的霸权。在过往的历史学中，权力意志和意识形态对历史学进行了大量的作伪，包括裁剪、篡改和曲笔等，在各种程度上历史学已经偏离了人类行为本身，历史学已经与人类历史发生了扭曲，这在中国历史上的表现同样十分典型和突出。要透过不完全的史料来构建历史本身，就要将历史学的研究重点放在历史上，通过残存的史料来重构历史，而不是盲目地全盘接受史料，而忘记和忽略了历史本身。

二、历史学中的科学性的双重内涵

历史学是不是科学？应不应该是科学？如何才能够成为科学？在近代科学崛起之后，这些问题便一直困扰着历史学家和哲学家，至今仍然没有被普遍接受的答案。这种争论在近现代也被引入了中国的历史学界。从民国时期开始，这个问题变成了一个悬案。

历史唯实主义的事实性原则对于这个问题有了明确的回答。历史唯实主义认为，真正的历史学是关于历史事件的事实性的学科，只有以科学为目标和衡量标准的历史学才是真正可以得到信赖的历史学，才是具有科学精神的历史学；但事实性并不一定就是科学，只有在事实性达到了唯一性和绝对性的程度和阶段之后，事实性才达到了科学阶段，历史学才是科学。

因此，我们今天所面临的绝大多数的历史学仍然处于构建完整的事实性的过程中，历史事件的事实性还没有达到唯一性的阶段，历史学还不是完整意义上的科学。

今天的历史学需要在历史唯实主义指导之下，应该有意识地和主动地排除各种干扰，自觉地和切实地建立起科学性。而要做到如此的契机，首要的方法论原则和态度便是紧紧抓住事实性的原则，将其推向唯一性的程度，达到非质疑性的境界。

然而，科学成果并不是衡量历史学科学性的唯一标准，历史学在通向科学结果过程中的科学精神同样是科学性的一种表现。也就是说，历史学的科学性包含两个层次的含义，其一是科学精神，其二是科学结果。

历史学的唯一性直接关系到科学性的本质。所谓的历史事实的科学性就是历史事实的唯一性，即在历史事实达到了唯一性的程度和阶段之后，事实性便具有了科学性。而历史事实的唯一性的标准是非质疑性，即对历史事实的各个方面无法再提出质疑。

非质疑性是个技术性的标准，不包括由于外来因素的干预而造成的不敢言的现象。非质疑性是指特定的历史事件的事实性在细节上达到了高度的清晰性，在逻辑上达到了高度的合理性，以至于潜在的质疑者即使想要对其进行质疑和挑战也无法提出具有充分事实性依据的论点和论据的状态。

事实上，要达到历史事实的唯一性、绝对性和科学性是个艰巨的任务，历史学还有漫长的征程要走。然而只要历史学坚持科学精神的自觉性，即始终将事实性作为原则和方法以及最终目标和行业规范，历史学的唯一性和绝对性就将成为普遍性的结果。

要将历史学变成一门科学，或者说如何将科学精神引入历史学之中，必须将历史学建立在行之有效而又系统明确的方法论之上。历史唯实主义则提供了这样的系统方法。历史唯实主义的内涵和理念，如坚持事实性的唯一性原则，客观性和非利益化的原则和坚持归零重启等就是努力提高和强化历史学的科学性的具体体现。

历史唯实主义认为，人类探索科学的历程和行为实践表明，事实性与科学性有着密切的内在关系，两者互为支撑，互为前提。事实性是科学性的前提和基础，离开了事实性就不存在科学性，而科学性需要建立在事实性的基础之上才能够成立。科学性的最终目的就是要发现客观世界和人的事实性，并在此基础之上创造出能够方便人类社会和提高人类福祉的工具。而要获得充分的事实性，认知的科学性是必不可缺的方法和工具，缺乏了科学性的指导，人类很难发现完善而牢固的事实性。

历史唯实主义所说的历史中的科学性并不是与自然科学一样的科学性。历史学并不能够像自然科学那样复制客观条件，并且由此可以预知结果。人类永远无法复制完全相同的行为条件，永远无法预知行为的确切结果，而只能永远在动态的变化中把握历史事件的事实性。因此，历史学的科学性较自然科学要复杂和困难得多。

第四节　历史唯实主义与实证主义

本节主要讨论历史唯实主义与西方实证主义哲学之间的关系。19 世纪源于法国的实证主义强调实证，粗看之下这与历史唯实主义有相似之处，然而在对两者进行了唯实比较之后就会发现，历史唯实主义与实证主义其实是大相径庭的两种哲学理论。

一、实证主义的历史和原则

（一）实证主义的哲学渊源

实证主义的渊源在于英国哲学的经验主义传统和近代科学的崛起。

注重感官体验的经验主义而不注重纯粹的思辨一直是英国哲学的传统，也是英国哲学从近代以来一以贯之的特征。中世纪后期的英国思想家弗朗西斯·培根（Francis Bacon）对于弘扬经验主义和科学精神起到了先驱者的作用。后来的霍布斯、约翰·洛克等英国哲学家都延续和发展了经验主义的传统，使之成为英国哲学的重要特征。经验主义与（自然）科学精神具有天然的默契性，在某种程度上，经验主义和（自然）科学精神的结合具有产生实证主义的内在必然性，经验主义在哲学化的道路上再往前走一步便会触及实证主义的领域，而近代自然科学的崛起和对自然科学方法论和利益论的不断强化推动了经验主义迈出了这一步。在 18 世纪和 19 世纪初期，英国和法国哲学家已经提出了某些实证主义的观点和原则。英国哲学家休谟被认为是实证主义哲学的渊源之一。休谟虽然并没有提出实证主义这个概念，但是他曾将实证主义的原则应用于对神学进行彻底的批判，将其作为判定神学和形而上学是否具有价值的原则。在《关于人类理解的调查》（*An Enquiry Concerning Human Understanding*）中休谟写道：

> 当我们走进图书馆，被说服而接受了这些原则，我们会作出什么样的破坏行为呢？如果我们手中拿着任何一本关于诸如神性和学院派形而上学的书籍，让我们不妨问一问，它是否包含着关于量或者数的抽象推理呢？不包含。它是否包含任何关于事实和存在的实验性推理呢？不包含。那就把它扔进火堆里吧：因为它除了狡辩和幻觉之外一无所有。

休谟此番激烈的言辞是在 18 世纪末康德的先验哲学出现之

前欧洲哲学对于宗教和传统形而上学的无效性的最直接和最有力的鞭挞。可以看出，休谟在此已经明确而有力地提出了要用强调事实和量化的推理（即近代自然科学）来审视中世纪的经院哲学，这无异于从方法论的角度来挑战传统形而上学，是一种釜底抽薪般的否定。虽然休谟并没有像康德一样系统地论证传统形而上学的无效性，但是作为在整个欧洲具有影响力的哲学家，他对中世纪的神学和经院哲学不留情面的挞伐和对自然科学精神的推崇已经预示了崇尚自然科学精神的实证主义原则的潜在力量。

（二）孔德的实证主义哲学（Le Positivisme）

作为相对系统而独立的方法论的实证主义是由 19 世纪的法国哲学家孔德（Auguste Comte，1798—1857）提出的。孔德曾经是法国哲学家圣西门的追随者，在脱离了圣西门之后，他开始了自己的哲学研究。在《实证哲学教程》中，孔德首次提出和论述了实证主义的原则，在 1844 年出版的《论实证精神》中对其进行了进一步的强调和深化。孔德提出实证主义的目的是要概括"关于人类整个认识演变的重大规律"，认为人类思辨的发展先后经历了三个阶段，即神学阶段、形而上学阶段和实证阶段。

在 19 世纪初期和中期，自然科学还没有从哲学中独立出来，虽然孔德的实证主义思想主要是要提出和强调一种进行自然科学研究的方法论，要对西方国家的自然科学研究在哲学层面上进行一次方法论上的总结，但是它也具有更广泛的哲学意义。它是将自然科学的实证方法同广义上的哲学的方法论混同在一起的哲学思想。孔德的实证哲学实际上是一种具有普遍哲学意义的科学哲学，其目的是要一方面将（自然）科学研究哲学化，即将（自然）科学研究的方法进行哲学化的梳理，为其提供哲学基础，另一方面将哲学研究（自然）科学化。这便是孔德为实证主义规定了两个范围很广泛的任务。孔德认为：

当前真正哲学精神的最近考验，主要是要将这个理论
（即现实科学要达到真正哲学的高度）引向实证状态。[1]

遗憾的是，虽然提出了实证主义的概念和命题，并且明确了
实证主义的任务，孔德并没有着手具体地完成这两个任务中的任
何一项，这限制了实证主义在西方哲学中的影响力和进一步的
发展。

实证主义的原则是要按照实证的要求对自然界和人类社会进
行考察，以真实的事实为依据，找出其发展规律。"实证"是实
证主义的核心概念和范畴。孔德认为实证包括五个方面的内容，
即与虚幻相对立的真实、与无用相对立的有用、与怀疑相对立的
肯定、与模糊相对立的精确以及与破坏相对立的组织[2]。由此可见，
实证主义哲学不仅在于破坏，更在于建设。实证主义的建设是将
近代自然科学的研究方法哲学化，并且将自然科学的实证精神推
广到哲学中去，建立起"实证哲学"。

作为一种方法论，实证主义与神学的神秘主义自然是相对立
的，实证主义的目标之一就是要否定神学神秘主义对于事实的忽
略和践踏。同时，实证主义与欧洲启蒙运动时期的理性主义和英
国哲学的经验主义都不相同。实证主义强调以事实为依据，而不
是像理性主义一样脱离事实而进行先验的和抽象的推理，虽然实
证主义与经验主义更有渊源，但它在广度和深度上要比后者更加
哲学化。

根据实证主义的原则，孔德提出了他的实证哲学（La
philosophie positiviste）。孔德对实证哲学下的定义是：

---

[1] ［法］奥古斯都·孔德著，黄建华译:《论实证精神》，商务印书馆 2011 年版，第 39—
40 页。
[2] ［法］奥古斯都·孔德著，黄建华译:《论实证精神》，商务印书馆 2011 年版，第 33—
34 页。

认为所有的现象都是不变的自然法则的表现，发现这些法则并且将它们归纳至最少的限度，就是我们的目标和所有努力的结果，至于原因，无论是最初的还是最后的，都被认为是绝对无法接近的，探索它们也是没有意义的。[①]

这个定义清楚地表明孔德注重的是发现事物的自然规律，而认为人无法发现自然规律背后的原因，这样孔德在将事物的现象和规律连接起来的同时，又割裂了事物的现象和规律与事物的本质之间的有机联系。

（三）实证主义在英国的发展

实证哲学与英国的经验主义有一定的渊源，却在法国诞生，法国人孔德成了实证主义的鼻祖。这种状况体现了英国哲学和法国哲学注重实践和实用性的特征。在诞生之后，实证主义马上便在英国产生了共鸣，英国哲学家和经济学家约翰·穆勒（John Mill）、斯宾塞和赫胥黎等人持续成为实证主义的代表人物，不但对其加以宣传，也在理论上进一步丰富了实证主义。

约翰·穆勒是英国 19 世纪上半叶十分重要的政治哲学家，对英国代议制政体的成熟和完善作出了卓越的贡献，而同样惹人注意的是他在功利主义方面的成就。穆勒明确提出了功利主义原则，认为能够获得个人的幸福是一切价值的标准，而幸福与否就是双方获得了快乐，幸福就是快乐，不幸就是痛苦。这较边沁的趋利避害的功利主义原则更进了一步。在实证主义领域，穆勒同样取得了重要的成就。他提出了系统的科学归纳法，认为归纳法是科学研究中最重要的方法和规律。归纳法能够总结出现象之间发生联系的因果规律，而揭示现象之间的因果规律正是实证科学研究的主要目标。穆勒使实证哲学与功利主义发生了联系，使后

---

① Robert M.Burns & Hugh Rayment-Pickard（eds.）: *Philosophies of History: From Enlightenment to Postmodernity,* Blackwel Publishe, 2000, p.100.

者成为前者的重要特征和组成部分。

（四）逻辑实证主义

作为实证主义新的发展阶段的逻辑实证主义在 20 世纪的二三十年代的奥地利获得了新的发展。由哲学家、数学家和物理学家等组成的维也纳学派（或者称维也纳学圈）是逻辑实证主义或新实证主义和逻辑经验主义等最具代表性的学术团体。逻辑实证主义的任务就是要进一步贯彻孔德的实证主义的原则，将其明确化、具体化和实用化。

逻辑实证主义明确了科学观，将科学视为最有价值和最重要的思维方式和衡量一切事物是否具有意义的标准。逻辑实证主义进而将这种科学观引入了哲学，发出了要彻底否定传统形而上学甚至哲学本身的宣言。逻辑实证主义认为传统形而上学的所有命题都是不科学的，因此都是伪命题，形而上学失去了存在的必要性，而哲学本身也应该由语言分析加以替代。这种哲学观显然直接承接了维特根斯坦的哲学观。

（五）实证主义的原则

实证主义的原则和理念并不复杂，也没有形成一个庞大的哲学体系。但是，实证主义却有着鲜明的原则和理念，这些原则和理念在哲学上与德国哲学的传统和方法迥然不同，而对于近代的科学则起到了促进作用。

1.（自然）科学方法论。

实证哲学的目的是要为近代迅速崛起的科学方法提供一个哲学基础。对科学方法的哲学化的整合是实证主义的核心。因此，实证主义实际上是科学主义哲学的开山鼻祖。从科学主义哲学的历史来看，实证主义就是早期的科学主义。

必须加以指出和强调的是，实证主义的科学是狭义的科学，即其科学就是指自然科学，自然科学的方法就是科学的方法，自然科学就是科学本身。实证主义的科学方法是指自然科学的观察、实验、归纳和分析的方法。实证主义暗含着要将社会科学自然科学化的方法论要求，这个要求的典型体现是要将形而上学和哲学（自然）科学化。

2. 现象主义。[①]

现象是与本质相对应的一对范畴。在德国古典哲学中尤其是在黑格尔的辩证法中，现象与本质是统一的，现象是通向本质的源泉，即通过现象可以达到本质，而本质是通过现象来表现和反映的。与德国古典哲学不同，基于英国经验主义的实证主义认为所谓的本质是不可知的，因为它无法通过感官进行把握，是不可被经验的。用斯宾塞的话说就是："终极的科学观念全都是关于实在的表象的，而实在是不可思议的。"[②]这样，实证主义便将现象和本质割裂开来了。研究本质的本体论等思辨哲学是与科学和实证主义格格不入的。

实证主义将科学限定为自然科学，使得实证主义将事物的现象看作是唯一的研究目标，这与经验主义如出一辙。所谓的现象主义就是指实证主义的现象观，即认为任何超出了现象领域的事物都是人的认知所无法了解和把握的，因而都是不科学的。

3. 对形而上学的排斥。

正是认为超出了现象领域的事物都是人所无法把握和不科学的，实证主义否定关于本体论等命题的哲学思辨的可靠性和有效性，认为建立在思辨基础之上的形而上学是不科学的，要加以排斥。反形而上学是实证主义哲学的一贯立场。

---

① 实证主义的现象主义与胡塞尔的现象学不同。两者虽然都强调"现象"，但是它们对于现象的研究方法是不同的。实证主义的现象是指客观事物，现象学的现象则包括哲学、宗教、客观事物等在内的所有的"知识"。

② Herbert Spencer: *First Principle*, NewYork, 1910, p.56.

　　实证主义是英法哲学传统的产物，它与德国哲学遵循完全不同的思路和逻辑，否定和拒绝形而上学表明了实证主义与德国哲学的进一步分野①。

　　孔德曾经怀有用实证主义的原则和理念来改造哲学、重建本体论的野心。虽然孔德并没有真正作出将哲学科学化的努力，但是却对后来的哲学起到了重要的影响，这种影响甚至也渗透到了德国哲学之中。19世纪后期的德国哲学家狄尔泰、尤其是20世纪初期的胡塞尔都为试图将哲学科学化而作出了艰巨的探索。

　　4.与功利主义相通。

　　如前所述，实证主义尤其是以穆勒为代表的英国实证主义流派虽然对于传统的形而上学怀有敌意，但是实证主义并不排斥伦理学，恰恰相反，实证主义与伦理学具有某种相通之处。虽然实证主义的重点在于客观事物的事实性，伦理学的研究对象主要涉及道德命题，但是两者都强调现实性和经验性，因此都以经验主义作为哲学基础。也就是说，功利主义所强调的善恶都是可被经验的行为效果，都是即时通过感觉可以感知到的心理和生理效果，都属于现象层次，都属于经验主义的感官范围。如果说经验主义向自然科学的方向跨上一步便是实证主义的话，那么经验主义向侧翼跨上一步便进入了伦理学的领域。

二、历史唯实主义与实证主义的区别

　　虽然都强调事实性，但是历史唯实主义和实证主义却有着不

---

① 　在此，康德哲学是一个特例。康德虽然是德国古典哲学的巨匠，但是他对英国哲学有深入的研究，他十分看重和欣赏英国经验主义哲学家休谟，在认识论上接受了英国的经验主义。康德认为知识必须建立在感性、直观的基础之上，知识和经验材料除了感性直观材料之外还包括先天的直观形式，据此康德虽然仍然肯定形而上学的价值，却否定了形而上学具有科学性。因此，康德哲学是与实证主义相通的，有些人将其视为实证主义的历史源头之一。

同的内在规定性、方法论、功能和使命。

1. 历史唯实主义是一种历史学方法论。

实证主义是近代自然科学的崛起在哲学领域的反映，它的方法论是自然科学的方法论，它的研究对象是客观世界和自然物质，通过观察、实验、归纳和演绎等方法来发现知识。历史唯实主义则是一种历史学的方法论，研究的对象是人类行为、观念和哲学概念及其历史，是为行为和观念的事实性进行准确定位的方法论。逻辑思辨性是历史唯实主义主要的思维方法，这与实证主义的自然科学方法显然是不同的。

实证主义也可以被应用于社会科学领域，但是它却只能是针对具体事物的定点研究，而无法形成面和立体性，无法勾织出价值逻辑和链条。将实证主义应用于社会科学领域只能是一种玩票性质的客串，无法成为历史学的特定方法论。

2. 历史唯实主义的功能在于发现价值。

历史唯实主义的基础是发现和确认人类行为事实的事实性，并以此为基础进行人类行为和思想的价值发现和再发现。这与实证主义要按照经验主义的原则通过对客观世界的观察和研究中获得知识具有完全不同的功能性。

3. 历史唯实主义与形而上学。

实证主义的目的之一是要用自然科学的方法否定西方哲学传统的形而上学，要将哲学自然科学化，这个任务由孔德提出来，由维也纳学派的逻辑实证主义付诸实施，后者也由此而步入歧途。逻辑实证主义要彻底否定形而上学和哲学本身，认为传统形而上学的所有命题都是伪命题，哲学应该由语言分析来代替。这种哲学观显然直接接纳了维特根斯坦关于哲学的观点，是不切实际的。

历史唯实主义并不认同逻辑实证主义的这种观点，认为逻辑实证主义的这种尝试超越了自然科学的可行性范围。虽然历史唯实主义本身并不会主动介入形而上学，但是历史唯实主义的原则显然与传统形而上学是不相抵触的。人们可以根据历史唯实主义的标准和原则重建形而上学，而不是彻底地否定它。

历史唯实主义也同样无法接受维特根斯坦的哲学观。哲学永远是阐述人类价值观的系统思想，语言和逻辑是思维的载体，是思想的工具，语言和逻辑永远只是人类价值观大厦的砖瓦，而不是大厦本身。看不到哲学的本质在于价值观就等于对于哲学的无知，无论这种无知采取了怎样"精妙"的方式和方法作为掩饰。

第五节 历史唯实主义与机械决定论

本节探讨历史唯实主义与机械决定论（Mechanical Determinism）之间的关系。机械决定论实际上是一种忽略了事实性的教条主义，这是历史唯实主义所不能接受的。

一、机械决定论的谬误

观念事实的生成、发展、成熟和应用与时代性有明确的互动关系，时代性是孕育观念事实的土壤，时代的本质和特征对于观念事实的本质和特征具有明确的影响，这是不容置疑的。但是，这种影响并不是决定性的，更不是机械的。认为有什么样的社会政治和经济条件就一定会产生某种思想的各种机械决定论观点是有违历史事实的，是错误的。

社会政治经济条件的变化会提出新的时代主题，为了解决这个新的时代主题所带来的各种问题和命题，新的思想和理念会获得孕育和萌发的土壤，然而这种孕育和萌发是多元的，具有不确定性。众多的思想和观念在价值观、逻辑和理念上又可能是相互矛盾和冲突的，甚至是截然相反的。因此时代性意味着思想、理念和观念的或然性，而绝非必然性和决定性。

战国时期各国具有相同的社会、政治、经济背景，却出现了百家争鸣的局面，各种观点和学说纷至沓来，这显然不是物质决定论可以解释的。在中国统一之后的秦朝和汉朝都建成了大一统的历史背景，但是秦始皇嬴政、汉高祖刘邦和汉武帝刘彻却采取了完全不同的治国策略，这也不是机械决定论可以解释的。

二、哲学家的偶然性

新的思想和理念要形成具体而明确的观念事实是个历史过程，在这个过程中不能忽视个人的作用。如同自然科学的突破在很大程度上要依赖天才的灵感一样，哲学史的突破同样仰赖杰出的个人。历史证明，在许多关键的历史时期，个别哲学家的凌空出世对于一个国家、民族和文明的历史前进方向的选择具有巨大影响。如同在自然科学史、战争史和政治史中，个别历史人物的贡献需要给予特别的重视和强调，在哲学史中杰出的哲学家对于历史的贡献同样不可抹杀。

虽然哲学家的出现都是具体的，都是在特定的时代背景和条件之下产生的，但是时代性只是必要条件之一，它并不会决定哲学家出现的必然性。时势造英雄，但时势不一定会造英雄，时势更不会决定英雄。

哲学家的偶然性意味着哲学家的历史作用的相对独立性。而当一个哲学家能够与他的时代性完美地结合起来，人类历史上翻天覆地的变化便会随之而来。董仲舒是如此，约翰·洛克也是如此。

三、哲学家的历史功能

人类是理性的，人的认知在很大程度上受到理性的指导，而人类理性的最高层次就是哲学。如果说人类的行为是在认知的指导下进行的话，那么哲学则在很大程度上指导着人类的认知。因此，杰出哲学家对于人类历史的影响是极其巨大的。

哲学家改变人类行为最重要的方式是他的思想和主张成为国家意识形态，与国家最高权力结合，在各个方面和层次指导国家行为的进行。

当杰出的哲学家和国家最高权力的掌握者能够实现有机的结合之时，要么是哲学家能够成为皇帝或者国王，要么皇帝或者国王能够与哲学家实现完美的合作，这个时代便将发生体系性的甚至结构性的变化。中国历史上的汉武帝时期便是这样一个决定了中国传统文明走向的历史节点。哲学巨擘董仲舒的思想体系能够完全被心怀大志、励精图治的一代英主汉武帝所接受，并且将其上升为国家意识形态，这个过程就是哲学家与皇帝最完美结合的典型实例。汉武帝用董学打造出了全新的国家行为模式——公羊模式，奠定了中国传统文明的政治基础，汉武帝成为集公羊学家和国家最高权力掌握者为一身的"哲学皇帝"，董仲舒则用自己的哲学塑造了一个人类历史上从未出现过的、最适合中华民族的价值观、意识形态和国家行为模式，其历史的贡献是极其重要的。

第四章　观念唯实主义

历史唯实主义的事实性的主体是人类的行为事实，这意味着作为人类认知的观念事实也是历史唯实主义的有机组成部分，唯实主义和历史唯实主义的原则和方法同样适用于观念唯实主义。

第一节　观念事实

一、观念事实的定义

观念事实就是能够通过语言文字来准确地加以表达和体现的思想本义。观念事实不是感觉事实，感觉事实可以具有瞬时性和不确定性，观念事实理性的、自觉的认知，是人类认知的高级阶段和成熟形式。强调观念事实要能够通过文字加以准确地表达说明了它们已经超越了随机性的潜意识阶段和意识阶段，是理性的思维在经过深思熟虑地反复推敲之后而得出的明确而固定的理念。表达哲学思想的观念事实就是哲学观念事实，表达文学语境的观念事实是文学观念事实。本书只探讨哲学观念事实。

需要指出的是，根据唯实主义关于事实性的三个标准，人的潜意识、梦境、无法或者不能被不同的个体反复验证的感知和经验等主观体验即感觉事实并不是观念事实，不是观念唯实主义研究的内容，也就是说观念事实并不是人的主观的和个别的感官经历，只有具有经过不同的个体反复验证过了的真实性、主客观的有机融合性和完整性的经验才具有成为观念事实的基本条件，当它们通过文字的形式得以表现时才能够被称作观念事实。这与西方的认识论尤其是所谓的意识哲学和心理学所研究的对象是不同的。

作为人类事实的一种，观念事实具有历史事实的一切属性和特征，但由于表现形式的不同，观念事实同时又具有自身的特殊性。如同历史事实的事实性是历史学的唯一基础一样，哲学观念事实是构建哲学史的唯一根据。

虽然观念事实的定义看似简单明了，但实际上如何能够准确地认识、把握和挖掘它们却是十分困难的事情。在哲学史领域，要真正把握哲学观念事实是个谬误丛生的领域，有时几千年的哲学史也并不会真正地理清某个哲学家的观念事实。因此，哲学观念事实的复杂性和困难性决定了哲学史对于观念事实的认知、把握和挖掘是个艰苦卓绝的认知过程。

二、观念唯实主义

观念唯实主义（The Conceptual Factualism）是唯实主义和历史唯实主义在哲学史领域内的具体应用。哲学史是历史学和哲学相互交叉而形成的专业性很强的学科，历史学和哲学的本质都应该在哲学史中得到反映和表现，而作为哲学史的核心和主体的观念事实同样也体现了历史学和哲学的这种双重本质。历史唯实主义研究的核心范畴是行为事实，哲学观念事实则是观念唯实主义的核心研究范畴，这是唯实主义的事实性具有唯一性和绝对性的原则在哲学史领域的体现。

无论是哲学观念史还是意识形态史，哲学观念事实都是其基础。哲学史的构建、解构和重构同样要以哲学观念事实为基础。

为了恢复中国哲学史的本来面目，必须对其进行系统而深入的唯实解构和唯实重构，即唯实双构，而唯实双构必须加以恪守的唯一基础和前提是哲学观念事实。唯实双构中国哲学史的目的性首先是恢复其事实性，脱离了事实性无法奢谈唯实双构。尤其需要加以强调的是，对中国哲学史的重建仍然要以观念事实为前提和基础。失去了坚实的哲学观念事实基础意味着中国哲学史的重建是无法完全令人信服的工程。

三、观念事实对于哲学史研究的意义

以观念事实为核心的观念唯实主义对于哲学史尤其是中国哲学史的研究具有决定性的意义。公正、客观而科学地剖析中国哲学史中的观念事实可以帮助我们明确地确立观念事实，区分观念事实和对于观念事实的引申以及辨明建立在观念事实基础之上的价值体系，而这是正确理解中国哲学史的基本前提和主要使命。在观念事实和价值体系的基础之上，可以明确在中国哲学史上观念史与意识形态史之间的互动，从而揭示出皇权主义对于中国哲学史的影响，皇权主义对于意识形态和哲学史的塑造和作伪会清晰地展现在人们面前，由此而来，中国哲学史的基本逻辑线索和本来面目便可以得到恢复。

在具体的研究方法上，观念唯实主义强调归零重启法，实践唯实解构和唯实重构的过程。在获得准确的哲学观念事实和进行哲学唯实比较的研究中，归零重启法显得十分必要和重要。为了准确地获得哲学观念事实，研究者必须回到历史文献的原著中去全面而系统地寻找和挖掘观念事实，而不是通过传统文化、思维定势和历史上的官方说辞来了解和理解哲学史中的概念和范畴以及它们所蕴含的价值体系。归零重启法所要归零的是传统观念对于哲学概念和范畴似是而非的和高度意识形态化了的解读，通过事实性来唯实解构传统的哲学史观念和文化符号，进行彻底的拨乱反正和正本清源的工作，摒除已经变成了思维定势的张冠李戴的作伪现象，由唯实重构来重新构建公正的、客观的和科学的中

国哲学史。

四、评价哲学家的历史地位的标准

中国古代史学并不缺乏评价历史人物的著作,各个朝代都有惹人注目的臧否历史人物的名著。然而,这种臧否所采用的价值标准如今已经不再适用。就方法来说,它们仍然停留在就事论事的阶段,其中掺杂着明显的个人好恶,不但二十四史如此,即使在代表着中国古典学术高峰的清朝乾嘉时期,如赵翼和钱大昕等人的著作仍然如此。如何客观而公平地评价历史人物对于中国历史哲学来说仍然是一个理论盲区。事实上,对于中国古代史学来说,如何评价历史人物与其说是个理论命题,还不如说是个政治问题和"实践"问题。中国的历史学还没有确立评价历史人物的理论方法和原则,在哲学史中对哲学家地位的界定仍然是以权力意志和意识形态为标准,有意无意地承袭着皇权意志和国家意志,而将事实性置于一隅,甚至踩在脚下。于是,对于各种历史人物的评价失去了一定之规,成为皇权主义的玩偶和政治沙袋。如果说这种现象在传统文明时期典型地折射了皇权主义的淫威的话,那么这个传统遗风尤劲则不能不说体现了如今的中国史学仍然存在着不成熟性,在许多方面仍然延续着古代史学的弊端。

中国传统文明从上古时期就确立了重视史学的优秀传统,在漫长的历史进程中积累了十分丰富的历史资料,堪称世界之最。但史料的丰富并不等同于中国在史学的所有方面都是成熟和健全的。在尊重历史事实的事实性方面,中国传统史学并不特别令人信服,意识形态的作伪是皇权主义政治的一门艺术。在中国传统文明已经退出正式的政治舞台一百多年之后,中国人对于几千年的历史和文明仍然没有作出系统的和科学的归纳和总结,在许多问题上人们仍然陈陈相因，仍然延续着历史上流传下来的许多观点和结论。这是一种需要令人深刻反思的状态。

历史唯实主义认为，对于哲学家地位的评价要以其观念事实为基础，这一方面要求首先要抓住他们的观念事实，另一方面要求在现实的历史运动和历史境况中考察其所扮演的角色、所起到的作用和所赋予的历史意义，将事实性作为评价哲学家历史地位的唯一标准。在哲学家评价中将事实性列为唯一的标准意味着历史学对于皇权意志的剥离，意味着历史学真正从国家权力的淫威和作伪中解放了出来，意味着历史学真正获得了独立性。只有这样才能够发现在现实政治中哪些是他们哲学观念的合理发挥，哪些是国家权力对于其哲学观念的人为扭曲，才能够使对中国历史上的人物的评价达到系统化和标准化。

五、中国哲学史的不足

清楚地把握观念事实是构建哲学史的基础和主体，然而准确而牢固地把握哲学观念事实却是十分艰难的工作。

中国哲学史的根本弊端之一在于对于哲学观念事实的把握不足，以及对于观念事实和观念事实的引申之间的混淆。之所以如此，最根本的原因在于皇权对于观念事实所作的高度的意识形态作伪。为了建立和巩固皇权主义，皇权对哲学观念事实进行了人为的扭曲和对哲学观念事实的认知和把握过程进行了故意的干扰、误导与破坏。这些皇权主义的作伪造成了中国哲学史出现了众多的谜团和误区，使得哲学观念事实含糊不清和张冠李戴。皇权主义的作伪集中体现在对于董学和孔学之间关系的扭曲和颠倒上。中国哲学史种种陈陈相因的思维定势的根源从本质上看也都来自于这些不足。

中国哲学史的拨乱反正和正本清源要从对于董学和孔学的哲

学观念事实的澄清和把握起航。建立客观、公正和科学的中国哲学史的首要工作也正是要澄清哲学观念事实和不受干扰地、准确而坚实地把握哲学观念事实。

第二节　观念事实的形态

本节将对观念事实的多种形态及其复杂性进行解析。

一、哲学观念事实的内在形式

哲学观念事实的内在要素包括表现形式、逻辑演绎方式和理念三部分。

表现形式是指用来体现哲学观念事实的概念和范畴的文字形式，即哲学观念事实的"名字"。逻辑演绎方式是指对表现形式的推理过程和运用方式。相同或者相似的表现形式并不意味着对其使用方法的相同或者相似，也就是说，表现形式与逻辑演绎方式并不具有内在的或者先验的同一性或者相似性。表现形式相同而逻辑演绎的不同仍然会导致不同的结论，导向不同的价值观。理念是指哲学观念事实所要表达的本质，是哲学思想的真正内涵。理念在同一时代和不同的时代可以有相同的表现形式和逻辑演绎，也可以有不同的表现形式和逻辑演绎方式。从某种程度上看，理念具有超越性，不仅超越时代性，也超越不同的文明形态。之所以如此，是因为人类的价值观和人性本身是具有相通性的或者说是同质的。人类的文化不同，文明形态也具有丰富多彩的多样性，但是作为哲学理念和价值观的出发点和最终归宿的人性却具有同一性。

哲学观念事实的表现形式和逻辑演绎方式与哲学观念事实形成和发展的时代性密切相连。在很大程度上，哲学观念事实的这两个层次受制于时代性的横向和纵向条件，体现了时代性对于哲学观念的影响力和规定性。时代性的独特性规定了概念和范畴的生成、内涵和深度以及这些概念和范畴的逻辑演绎的方式。这种状况蕴含了这样一个重要的提示，即必须在特定的历史时代性中看待和考察观念事实，脱离了或者违背了历史时代性看待观念事实容易被考察者的时代性尤其是各种思维定势所左右，从而脱离开哲学观念事实本身特定的历史时代性。这不但无助于对哲学观念事实的正确理解和准确把握，甚至会成为了解哲学观念事实的认知障碍。

哲学观念事实的三种内在要素对于哲学观念事实都是重要的，它们也是考察观念事实不可或缺的三个层次和领域。而从哲学史和价值哲学的角度来看，显然哲学观念事实的理念层次更为重要，是哲学观念事实的核心构件，是最能体现哲学观念事实之本质的部分。人们在认知上的进化在很多情况下都体现在表现形式上，而其理念和价值观则是相对固定的，其选择性也是有限的，也就是说，哲学史总是在用不同的表现形式和逻辑演绎方式来推演相对固定的哲学理念。在哲学史上，许多看似花样翻新的运动和学派并不代表新的理念和价值观的创新，而只是哲学观念事实的表现形式或者演绎逻辑的变化。在许多情况下，哲学家们是在用不同的表现形式和逻辑演绎方式展示基本相同的哲学理念，通过形式和方式的差异性，不同国家和文明体系中的哲学理念具有相通性、相似性甚至同一性。这赋予了不同文明形态之中的哲学比较以及同一文明形态中的哲学思想和哲学体系进行唯实比较以可能性和必要性。

中国哲学史并没有平等这样的哲学范畴，然而墨子哲学中的兼爱却体现出了充分的平等观念。兼爱强调人与人要相互爱，这种爱不分条件，体现出了彻底的平等观念，任何人之间的爱不以出身、财富和社会地位等为标准，只要是人就是平等的，都有去爱和被爱的权利。墨子的兼爱思想体现了最彻底的平等思想，相比之下，西方近代启蒙运动时期以种族、阶级和社会条件为标准的平等显得虚假和肤浅。兼爱和平等这两个哲学范畴具有不同的表现形式和逻辑演绎方式，虽然在深度和广度上有很深的差异，但是在理念上却是趋同的。哲学观念事实的三个内在要素在此得到了明确的体现。

透过其表现形式和逻辑演绎方式发现和挖掘出哲学观念事实的理念是理解一种哲学思想、哲学体系和价值体系最本质的任务。同时，在充分理解了哲学观念事实背后的理念之后，对于其表现形式和逻辑演绎方式的理解也会更为深刻和合理。以此为依托可以看出：只有充分理解了哲学观念事实的理念才能够搭建出哲学史意义上的唯实比较的真正的基本条件。

二、观念唯实主义获得哲学观念事实的方法

中国历史上获得观念事实的方法可谓是具有优良的传统和颇具中华文化的独到之处，观念唯实主义主张应该给予继承和发扬光大。要发扬光大就要在古人传统的基础上发展出更为严格的、更加符合科学精神的研究方法。

（一）唯实史料

如同历史唯实主义对于历史事实的构建过程一样，要真正挖掘出、认识到和把握住观念事实，首要的前提和基础是确认唯实史料。观念唯实主义的唯实史料就是能够直接表达哲学家本人哲学理念的文字材料。

在哲学史的范围内，唯实史料就是要发现和确认那些能够真实地表达和体现哲学家本真观点的原始材料。表达观念事实最直接和可信的载体是他们自己的著述，是他们本人通过文字

明确记载下来的观点和书籍。至今为止，文字仍然是构成观念事实的绝对载体，是探究观念事实最重要的途径和最后的根据。人的意识、反映和认知是开放性的，并不一定具有成熟性，而能够落实到文字的意识和认知大都是经过深思熟虑而形成的相对成熟的认知，而无法落实到文字的材料就无法以原本和最直接的方式表达哲人的哲学理念，也就无法直接表达观念事实，无法成为唯实史料。

然而在许多哲学著述中，尤其是在古代，哲学家并没有自觉的著述习惯，也并不会有意识地以明确的定义的方式来严格规定某一特定的哲学概念，也往往会使用同样的或者相似的概念来表达不同的思想和理念，而相同的概念和范畴也会出现体系性壁垒的情况，这就使得其概念和范畴具有不确定性，这无疑增加了哲学史研究者把握观念事实的难度。为了克服这些表达上的随意性和形式逻辑上的不严谨性，后来的哲学史研究者就必须在详读了整部著作之后才来把握某一特定的概念和范畴所表达的观念事实，从宏观上和总体的逻辑演绎中辨别和挖掘出观念事实的真相，看清和辨析了其表现形式和逻辑演绎方式之后再准确地理解和把握这些哲学理念的本义。

虽然在理论上对哲学史意义上的唯实史料的确认并不复杂，但在实践中唯实史料的获得和确认却并不是件容易的事，对于中国古代哲学史尤其是上古哲学史和先秦哲学史来说尤其如此。不言而喻，中华文明悠久的历史对于文献学提出了巨大的挑战。在纸张和印刷术发明以前，中国古代的著作主要是写在竹简和帛之上的，同一个哲学家的著作的差异性和不稳定性极大，这种情况直到汉武帝建立了五经博士制度之后才得到根本性的改变。中国历史上王权和皇权的焚书政策和各种战争使古代典籍屡次遭受破坏，许多宝贵文献散佚消亡①。唯实史料的缺乏和难以确认的特征是研究中国古代哲学史的一个巨大的甚至是不可逾越的文献学障碍。

对哲学家思想和观点的转载、概述、评价同样不能准确地表达哲学观念事实。这些旁述的观点通常会犯"不及"和"过"的错误。所谓的"不及"就是未能全面和准确地把握观念事实的全貌，而只是对其一部分和一些层面进行了了解，只是停留在表现形式或者逻辑演绎方式的层次上，而无法深入到理念的层次上；所谓的"过"就是指一些评论和判断已经超越了哲学观念事实本身所要表达的内涵，转而成为对观念事实的引申，即解释、诠释或者延伸，从而产生望文生义、鱼目混珠和张冠李戴的现象。

非本人的记述在可靠性上是次一等的文字资料。但是经过多元性核对的记述特别是在缺乏哲学家直接著述的情况下仍然具有较高的可信度，退而求其次仍然可以被视为唯实材料；而具有唯一性的旁述尤其是与哲学家关系紧密的人的转述则是不得不被重视的唯实材料。在先秦时期存在着诸多的由他人记叙性的文献和资料，它们的可信性不如本人的直接著述，却是不得不加以重视的文献。观念事实始终处于各种程度的模糊状态，这就是中国先秦哲学史研究的一个事实性的难点和障碍，这个障碍或许很难被彻底克服。

在一些情况下，由于受到外部因素的干扰例如国家的权力意

---

① 欧洲哲学史虽然也面临着唯实材料缺失的问题，但是相比之下情况要比中国哲学史要好很多。由于古代环地中海各个文化圈之间文化交流和互动的发达，许多古希腊的哲学著作在中世纪能够通过近东和北非的译本得以找回，可谓是失而复得；中世纪教会的强大势力使古代的文件和书籍能够在修道院中完整地保存下来，而不至于受到战火的摧残；在近代印刷术发明之后，西欧的哲学著作基本上能够得以保存下来。唯一对欧洲哲学史构成了障碍的唯实材料是无法获得犹太哲学著作和阿拉伯哲学著作的原本，无从完整地体现犹太哲学和阿拉伯哲学对于欧洲哲学的影响，但是这个方面并不是欧洲哲学史最重要的组成部分。参见［德］文德尔班:《哲学史教程》(上卷)，商务印书馆2013年版，第24—27页。

志等，哲学家本人的文字材料也不能够忠实地表达哲学家真正的理念，例如在文字狱横行的情况下，或者处于特定的条件下，哲学家不得不采取曲笔，即使用模糊、迂回、回避甚至迎合的表述方法，但是这种表述方法只是权宜之计，并不能够代表其思想的本质和核心。这就需要哲学史的研究者进行多元化的分析和考证，尤其是通过对其哲学体系内在逻辑的分析，利用综合分析的方法来透视那些曲笔和隐喻，展现出作者所要表达的真正的观念事实。通过综合性的分析方法来求真和求证更能由微见博，对当时的时代氛围和政治环境有更深入和确切的了解，从而更有利于理解和把握某一特定时期的哲学史。

（二）价值标准

从方法论上看，考据学和考古学能够带来的突破仍然是在具体的点上，它们并不针对哲学观念事实之间的逻辑性和整体性。要获得立体性的哲学观念事实结构除了将诸多的点连成线和面之外，价值观的逻辑推演也能够帮助获得和澄清哲学观念事实。在一些重要的要点上，根据价值观进行判断是必不可少的一种方法，尤其是在实施唯实比较法时这种方法更为重要。当然，历史唯实主义的逻辑推演只能建立在观念事实的基础之上，而绝不是先验的臆断和主观的臆想。

三、哲学观念事实的体系性存在

哲学观念事实具有其独特的属性，这典型地表现在其体系性存在上。这个特性使不同哲学体系中的哲学概念和范畴之间存在着体系性壁垒。对哲学观念事实的体系性存在及其体系性壁垒之不理解和忽略会导致哲学史研究中诸多的方法错误。

（一）体系性存在的内涵

作为行为事实的一种形态的哲学观念事实同样要遵从历史唯

实主义关于行为事实的结构性的规定，也就是说观念唯实主义对于观念事实的复原与历史唯实主义对于行为事实的结构性挖掘遵循着相同的规律。

如同行为规律不会通过个别的行为事实得以充分的体现一样，哲学史中的价值也不会通过个别的概念和范畴得到完整的体现。这种哲学观念事实的立体性和整体性首先体现在其体系性存在之上。也就是说，在分析哲学观念事实时要判断它是否是体系性存在。

所谓的哲学观念事实的体系性存在是指哲学观念是作为一个哲学体系的有机组成部分而存在的特性，它只是整个哲学体系的一个零部件，其功能是要反映哲学体系的整体性理念和价值体系，其个性的规定性要服从于整体性的逻辑、理念和价值的目的性和规定性。观念唯实主义的体系性存在原则不仅要在个别观念上挖掘出事实性和真实性，还要将诸多的哲学观念事实连接成线，由线编织成面，由面构建出立体的观念史和哲学史结构。这是作为方法论的历史唯实法与传统的考据法的根本区别。

只有将哲学观念事实连接成线，编织成面，构建出哲学观念事实的立体结构，才能够真正呈现出其完整性，才能够再发现其完整而真实的价值观，哲学的比较才具有科学性，才会体现出不同的哲学思想之间的真正异同。从整个哲学史的角度来看，才能够完成对传统观念的唯实解构，中国哲学史的唯实重构才有可能实现。

哲学观念事实的体系性存在原则上有助于判断一个概念的内在本质。然而，有些哲学家的个别概念会游离于其哲学思想和体系之外，是体系外存在。作为体系外的概念，它们并不与主体的逻辑、理念和价值观完全一致，甚至表现出一定的矛盾性。在哲学史研究中，我们必须要将这些概念和范畴从体系性的分析中辨别和隔离出来，否则会导致混乱，不利于哲学观念事实的挖掘和复原。

（二）哲学观念事实的体系性壁垒

1. 哲学观念的体系性壁垒是一种普遍的哲学现象。

在包括中国古代哲学史在内的世界哲学史中一个普遍的现象是一些在文字上相同或者相似的概念和范畴却有着本质上不同甚至是完全对立的内涵，体现着相互矛盾甚至是相互否定的价值观。之所以会出现这种现象是因为许多哲学概念和范畴是体系性的存在，相互之间存在着体系性壁垒。

体系性壁垒体现了哲学观念事实的三个内在要素，即表现形式、逻辑演绎方式和理念之间的复杂关系。表现形式和逻辑演绎方式相同或者相近并不代表理念的相同或者相近，当三者产生如此的差异和矛盾时，便形成了哲学观念事实的体系性壁垒。

如果哲学史的研究者只是从文字本身来判断这些哲学范畴的含义，只注意哲学概念和范畴前两个内在要素，便会望文生义，无法了解它们背后的理念，从而对哲学观念事实产生误解，而建立在这种对哲学观念事实的误解基础之上的哲学史便只能是一笔糊涂账。要避免将哲学史的研究变成一笔糊涂账，就要首先破解哲学范畴的体系性壁垒，真正在哲学观念事实的理念层面上，按照哲学家本人的逻辑来分析和研究其哲学思想，只有这样的哲学史才是符合观念唯实主义原则和精神的可以信赖的哲学史研究。

例如，古希腊和近现代西方都存在民主的概念，民主都被视为两种文明形态的支柱性的核心政治理念之一。但是古希腊的民主是城邦国家直选制的直接民主，是"真"民主，而近现代西方国家的民主则是代议制的民主，是间接的民主，是"假"民主和伪民主，两者之间的体系性壁垒是难以跨越的。西方国家故意混淆两者的区别，认为其民主与古希腊的民主是同源同质的，这显然是为了掩盖其伪民主本质的意识形态宣传。欧洲的经院哲学和孔学中都有仁（慈）的概念，但是经院哲学的仁慈来自于上帝，是上帝对人类的原罪的原谅，这与孔学中的作为个人伦理学范畴的仁是根本不同的，两者之间存在着难以逾越的体系性壁垒。同时，在孔学和董学中都存在仁的概念和范畴，许多研究者凭借字面上的相同便轻易地认为董学的仁就是孔学的仁。这种做法是没有意识到两者在仁的观念上存在的体系性壁垒，因而对董学进行错误评价和定位，是将董学与孔学张冠李戴的重要原因之一。

2. 体系性壁垒是哲学比较的一种基本标准。

体系性壁垒只能存在于具有不同本质的哲学体系之间，也就是说属于同一哲学学派的哲学之间不会存在核心概念的体系性壁垒，而一旦两个哲学体系在核心概念上出现体系性壁垒，那么这两个哲学体系便无法被称作属于同一个学派了。因此，核心概念是否存在体系性壁垒是判断两个哲学体系是否属于同一个哲学学派的一个重要标准。

同一学派的不同哲学家之间在核心概念上的差异是允许存在的，只要这种差异是量度上的而不是质上的差异或者说是性质性的差异。性质性的差异是指具有不同的哲学理念，表达本质上不同的甚至对立的价值观的哲学观念。从哲学观念上来看，价值观上的差异是最大的差异，是最根本性的差异。在分寸、深度、理念和方法上的差异即量度上的差异只要没有形成价值观上的不同便不是性质性的差异，便无法形成体系性壁垒。

孟子思想被认为是儒家思想，这是因为孟子的核心概念如仁、德等与孔学基本上完全相同，是对孔学的忠实继承。荀子思想并不是真正的儒家思想，因为荀子思想在价值观上已经与孔孟思想产生了分歧，有些学者已经察觉到了这种差异性，虽然这种价值观上的分歧还不十分明确和决然。而将董学判定为是儒家思想在西汉的延续就是完全错误的观念了，因为董学和孔学在核心概念体系上存在着明确而明显的体系性壁垒，两者代表着根本不同的在许多本质性命题上相互对立的价值观。

（三）时间刻度与事实性

历史事实和哲学观念事实的历史性是通过时间刻度表现出来的。时间刻度对于事实性具有重要的影响。时间刻度包含两个层次的含义：一是事实性的时代性，二是事实性与考察者的时间距离。

哲学观念事实的表现形式和逻辑演绎层次是包括哲学观念事实在内的时代性的反映，也就是说，时代性的独特性规定了历史事件和哲学观念的事实性的独特性。后来的历史学家和考察者只能在特定的历史时代性中看待和考察历史事实和哲学观念的事实性，脱离或者违背了历史时代性去看待它们容易被历史学家和考察者的时代性尤其是各种思维定势所左右，从而脱离开历史事实和哲学观念事实本身特定的历史时代性。历史学家无法逃避时代性的烙印，在很多情况下，他们只能在自己的时代性和历史事实本身的时代性之间进行选择，而往往这种选择是在潜意识中进行和完成的，是不自觉的和被动的。这不但无助于对哲学观念事实的正确理解和准确把握，甚至会成为了解各种历史事实的认知障碍。历史唯实主义和观念唯实主义的任务之一就是要促使历史学家和哲学史家对于时代性的警醒，要主动和自觉地选择历史事实和哲学观念事实的时代性，而自觉地和主动地放弃自己的来自于时代性的局限性。

事实性在不同的时间刻度上具有不同的程度和状态。时间刻度的长短对于事实性的影响却是复杂的。距离特定的历史事件的发生越近意味着更多的参与者和有可能更为丰富的第一手材料，但是更多的参与者和丰富的第一手材料并不意味着事实性会变得更加丰满和充实，更不意味着更高的真实性和完整性，在许多情况下却可能意味着客观性受到过多的主观性的干扰而无法反映真实性和无法建立起来或者无法完善地建立起来事件的完整性。利益相关性会使事件的客观性受到很大干扰，主观性往往会妨碍客观性共识的形成。时间刻度的后移会使一部分的第一手材料流逝，却也会使一些重要的第一手材料失去敏感性和利益相关性而逐渐浮出水面，这有助于历史事件的事实性的客观性的充实和完善。许多重大的和敏感度高的历史事件是在时间刻度后移了许久之后才得以建立和完善的，其原因正是在于重要的第一手材料在失去了敏感性和利益相关性之后能够得以"解密"出世。

中国的二十四史都不是当代史，都是后来的王朝为前一个已经灭亡了的王朝所做的历史学补记，其客观性要较当代史更加突出。这种情况典型地反映了时间刻度对于历史学的重要性。

（四）违背了观念唯实主义的各种研究方法的谬误

在中国哲学史的研究中有各种名目繁多的方法违背了观念唯实主义，造成了许多研究方法的谬误，这些方法需要特别加以警觉、明辨和杜绝。

1. 直接违背观念事实。

在中国哲学史的研究中，直接违背观念事实的情况仍然时有发生。有研究者没有认真阅读原著，不了解作者的原意，便大发议论，这不是真正的学术研究。

2. 以偏概全。

一些哲学史的研究者并没有了解特定的哲学概念和观念的全貌，只是从某些侧面和层面对其进行过一定的接触便妄下结论，犯了以偏概全的错误。事实上，这种以偏概全的"瞎子摸象法"是中国古代哲学史研究中被经常使用的方法，研究者只要看到了片鳞只甲便可以大发议论，其立论和结论却经不起推敲。这种态度除了增加混乱之外，并不利于古代哲学史的健康构建和发展。古代典籍的浩瀚和古文字的复杂性使哲学史的研究变得十分艰难和枯燥，耐心并不是急功近利者所拥有的素质。

3. 无中生有。

更有甚者，凭借主观想象捏造事实和制造说法，将并不存在的观点强加到某些历史人物身上，犯了无中生有的错误。

4. 以讹传讹。

有的学者缺乏唯实主义的求真求实精神，一些研究者通过道听途说，从间接渠道获得了关于特定概念的说法，不经认真的核实与确认便视为定说，妄加判断，缺乏独立思考的能力或者意愿，只是盲目地承袭某些既定的观念，或者对一些现存的观点进行技术性的补充或者修改便万事大吉。

以讹传讹在孔学和董学研究中更是十分普遍的做法。在未对两种思想的哲学观念事实进行深入而实事求是的研究的前提下便继续延续着孔子无所不能的圣人的定位，继而将董学斥为"神学目的论"。无论动机是什么，这种态度都是对科学精神和唯实主义的残暴践踏。

5. 对哲学观念事实的过度引申。

对哲学观念事实的把握存在着一个度的问题，而这个度量的把握关乎能否真正地把握哲学观念事实。如前近述，过与不及是在度量把握上常犯的两个错误。所谓的过是指在哲学史的研究过程中对历史上的哲学家和思想家的观念事实的引申过程中的过度解读的现象。对哲学观念事实的过度引申会人为地创造出原本并不存在和并不属于特定研究对象的各种说法，得出各种似是而非的结论。对哲学观念事实的过度引申表面上看似高深甚至合乎逻辑，实际上也是对观念事实的一种扭曲，将本不属于古代特定哲学家和思想家的标签贴在了他们身上，犯下了望文生义和张冠李戴的错误，如同不求甚解一样，对观念事实的过度引申也违背了观念唯实主义的原则。

这种过度引申的现象是在孔子和孔学研究中经常出现的错误。孔子的观点具有随机性和就事论事的特点，随口所说的概念并没有严格的定义，在内容和逻辑上并不连贯和统一，并且存在着大量的内在悖论，然而许多学者对孔子的只言片语在不断地进行过度解读，将孔子打造成了一个黑格尔式的具有高度哲学思辨性的、严谨的哲学家和无所不能的圣人，这不仅背离了孔子的风格，也将许多莫名其妙的说法强加在了孔子身上。这种现象是孔子崇拜和泛儒学化的表现，同时也是对孔学的观念事实的扭曲和绑架，违背了观念唯实主义的事实性原则。

6. 缺乏观念事实基础的价值判断。

另一种在哲学史研究方法上经常犯的错误是用价值判断来代替观念事实。这实际上是一种对观念事实的越界行为。

一些研究者在没有对哲学观念事实进行透彻的了解和准确的理解之前便对其进行定性和价值判断，得出各种冠冕堂皇的"意义"和结论。在缺乏事实性的坚定支撑的前提下，这些越界得出的定性和价值判断是不合法的，经不起观念事实的推敲。这种越界行为混淆了哲学观念事实与价值判断两个不同的研究领域和层次，将两者混为一谈，违背了观念唯实主义关于事实性绝对性的原则。

越界行为可分为主观故意和非故意两种情况。主观故意的越界行为往往与意识形态的干预有关，政治目的性有意识地混淆视听，绑架观念事实，浑水摸鱼。非故意的越界行为与研究者的水平和能力有关，研究者对于方法论的模糊理解导致对于哲学观念事实只能进行似是而非、浅尝辄止的、粗线条的研究，会不自觉地越界到价值判断的领域中，不知不觉中便犯下了错误。

第三节　观念唯实主义在哲学史研究中的两个原则

非参与性原则和非意识形态化原则是观念唯实主义在哲学史研究中的两个重要原则，它们体现着观念唯实主义的方法论本质，也关乎它的成败。

一、非参与性原则

所谓的非参与性原则是指观念唯实主义并不将研究者设定为历史事件的参与者，而是从历史旁观者、观察者、分析者的维度来复原、分析和考辨历史事实。非参与性原则提倡客观性、公正性和全面性，严格地割断了各种利益纠葛。

（一）客观性

观念唯实主义不做事件的参与者，而是做事实的复原者，严守认知者和分析者的立场。

历史唯实主义关于事实性的三个标准在观念唯实主义对于哲学观念事实的研究中无疑是适用的。在此有必要再次强调主客观性的有机融合性的标准。观念唯实主义的客观性并不是要否定主观性，而是要提倡多元化的主观性。由于哲学观念事实植根于具体的历史进程，具有时代性，因此研究哲学观念事实要尊重历史事件的时代性，从历史事件的所有主要参与者的主观性来复原历史事件，从而达到客观性。从哲学认识论上看，客观性的前提和基础是主观性，客观性是在多元化的主观性之上建立起来的。任何历史事件都是由参与者完成的，参与者对于历史事件的策划、参与和描述都是主观性的表现。观念唯实主义的客观性是在多元性主观性的基础之上克服主观性，达到客观性，从而最大限度地复原历史事实。考虑到皇权主义对于事实性的系统干预和破坏，在对哲学观念事实的追索中坚持客观性原则对于中国哲学史的研究尤其重要。

（二）非利益化

观念唯实主义坚守严格的历史的时间维度，坚决杜绝和避免与历史事件发生任何的利益纠葛。事实上，由于时间的流逝，后代的人们与历史事件的关联性逐渐削弱和丧失，利益链条已经被时间所斩断，这就为历史学者与历史事件的非利益化创造了条件。对于严肃的历史学家来说，主动和自觉地坚守历史性原则是非利益化的立场保障。

除了与历史事件的非利益化之外，非利益化更是指与当前的权力掌握者之间也不存在利益纠葛。而这更难，也是是否奉行观念唯实主义原则的试金石。

观念唯实主义不再如中华传统文明时期一样是国家意识形态的奴隶，也不是任何政治势力的附庸和工具。对于历史事实和观念事实的独立的、非利益化的和客观的考辨，只尊重事实性而不向过去的和当前的任何形态的权力掌握者妥协和低头是观念唯实主义的必要的指导原则。

二、对于意识形态的立场

如何对待意识形态是观念唯实主义的重要内容。与意识形态的关系就是如何处理与国家权力和政治之间的关系的问题，它决定着观念唯实主义的立场，同时它也是观念唯实主义在包括哲学史研究在内的历史研究的重要方法、标准和原则。

观念唯实主义将事实性作为唯一的命题意味着对于意识形态的绝对回避。观念唯实主义不仅不受历史上的意识形态的影响，也要独立于现有的意识形态的介入、干扰和主导。

（一）意识形态与哲学史

哲学史是具有内在平衡性的。如黑格尔在其《哲学史讲演录》

里所指出的那样，哲学史是由历史和哲学共同构成的，历史和哲学共同构成了哲学史的内涵。需要补充的是，哲学史虽然对于历史和哲学具有兼容性，然而两者却是两个平等的维度，它们虽然具有交叉性，却并不具有替代性，也不存在不同的权重。这是哲学史与其他历史学亚科的不同之处。一个哲学史的研究者虽然不一定是个哲学家，但必须是个深谙哲学思维的人，也必须是一个历史学家。缺乏了其中任何一个要素都不会成为合格的哲学史家。

然而，哲学史在哲学与历史学之间的平衡却十分不易把握。近现代以来，中国哲学史的乏力和不振与中国哲学史的研究者无法具有两方面同等出色的素质具有一定的关系。胡适的《中国哲学史大纲》（上册）被认为是以非传统观点看待中国古代哲学史的第一部著作，然而该书偏重于史，而轻于哲学，只能算是一部"诸子杂考"之类的考证之作①。胡适的《中国哲学史》无法驾驭哲学与史学之间的平衡，这与他的哲学功力的缺乏和学术素养的不足密切相关。

（二）中国哲学史的表现方式

人们会说如果意识形态也是哲学史的组成部分，那么在哲学观念史中同样可以表现出意识形态的功能和作用。这是有道理的，但是通过哲学观念史来表达意识形态并不是哲学史最理想的方式。这是因为观念唯实主义通过意识形态为主要线索来表现哲学史更能体现出哲学史运动和发展的规律，更能体现出哲学史对于政治的影响以及对于国家行为和文明进程的历史性影响，这更接近国家行为的现实，而将意识形态溶于哲学观念史中将一个动态和立体的运动静态化和片面化，无法突出地表现出哲学史和意识形态与国家行为之间的历史性的互动关系和因果关系。另外，观

---

① 劳思光：《论中国哲学史之方法》，见韦政通编：《中国思想史方法论文集选》，世纪出版社/上海人民出版社 2009 年版，第 136 页。

念唯实主义以意识形态为主要线索来表现哲学史可以使哲学史与历史学建立起更为直接的联系，将哲学史置于现实而具体的时代性中加以考察，而哲学观念史以哲学观念的变化为主线，无法建立起这种直接的历史关联。

三、非意识形态原则

如何处理与意识形态的关系在很大程度上决定着哲学史研究对于事实性的立场，可以说是一个至关重要的命题。

（一）对于历史上的意识形态影响的抽离

中华传统文明最重要的特征是作为国家权力的最高级表现形态的皇权对于中国的国家行为和社会生活无孔不入的渗透和驾驭。在公羊模式下，皇权对于上层建筑的控制尤其严格和严厉，这使得哲学和历史学从来就是国家权力的附庸，是皇权主义的政治大一统的组成部分，皇帝制度直接塑造和钳制着意识形态。研究中国哲学史就必须研究皇权主义指导下的皇帝行为和国家行为，就必须研究皇权对于中国哲学史的存在状态和演进形式的影响，这成为能否建立起客观而科学的中国哲学史的关键之一。

（二）意识形态的作伪（Ideological Forgery）

由于意识形态本身也是哲学史的有机组成部分，是哲学史中被政治化了的高级形态，那么还有必要分清意识形态和哲学史的关系吗？当然有必要。这是因为作为为皇权提供运作的理论根据的意识形态具有强大的塑造力，塑造着一个国家和民族文化的方方面面和各个层次，影响和改变着文化的本质、特征和表现方式。具体到哲学领域内，这种塑造力不仅体现为根据自己的利益来塑造和强化国家意识形态的功能，同时也体现为制度化了的作伪能力。通过意识形态所表现出来的理念、原则和逻辑体现的是皇权的意志，而不一定是哲学家本来的观念事实。意识形态关注的并不是哲学观念事实本身，而是皇权和国家的利益，是要对天下的士人和所有阶级和阶层进行统治、驾驭和管理的政治目的。由此可见，意识形态的作伪过程便是意识形态对于哲学史的人为塑造和扭曲的过程。从性质上看，意识形态的作伪是故意性的非事实性。

意识形态的作伪就是国家权力为了自己的利益根据意识形态的需要利用国家机器系统地篡改事实性和虚构事实的行为。国家权力的作伪涉及国家的各个层面，会渗透到社会的各个角落。民族的祖先可以被编织成与上帝和神灵具有血缘和姻亲关系的神话和传奇；君王和贵族的出生和生平事迹被神化和传奇化；君王的意志可以被套以宗教和神权的外衣；历史事件可以被任意削减、挑选和篡改，编织成各种于己有利的故事；政敌可以被莫名地妖魔化，同样，哲学观念和哲学史可以按照皇权主义的意志而被意识形态化。

从哲学史角度来看，皇权的制度化了的作伪体现了意识形态和观念史之间的冲突。在哲学史的研究中如果仍然只看到哲学观念史而看不到意识形态的塑造作用和影响，就无法把握哲学史的全貌，无法抓住哲学史运动和发展的内在逻辑，就会被表面的现象所迷惑。因此，观念唯实主义强调必须分清意识形态史和哲学观念史，只有这样才能够按照唯实主义的原则来梳理出哲学史发展的真正脉络，揭示出哲学史的本来面目。

对于中国哲学史的重建来讲，"唯实"与"作伪"是一对对应的范畴，是一对互动的矛盾。观念唯实主义的目的正是通过事实性的绝对性来认清和清算意识形态的作伪，实际上是一种去伪过程。中华传统文明时期的皇权主义对于中国哲学史的作伪只有通过观念唯实主义的"去伪"过程才能够被清理出来，而只有在这种去伪的基础之上，才能够顺利地在意识形态的层面上把握中国哲学史的运动规律。

意识形态的作伪在历史学中时有表现，其中一个具体的表现方式就是"讳"的治史方法。讳的方法不仅体现在对皇帝名字的回避上，更体现在官方史家违背事实性原则对皇帝、贵族和高官等这些尊者和贤者的过错进行文饰的方法。官方史家忽略、篡改或者扭曲事实的真实过程，其目的无非就是要为皇帝制度和王朝政治的正统性和正确性服务。而对于已经走出了传统文明时期的今天的历史学家来说，历史学就是要透过意识形态的作伪来恢复历史事实的本来面目。

（三）观念唯实主义的去伪（De-forgery）

所谓去伪就是根据历史唯实主义和观念唯实主义的事实性具有绝对性的原则，按照归零重启法来解构国家权力对于历史事实和哲学史的作伪行为，并且按照事实性的原则来重构被作伪了的历史事实和观念事实，重构以事实性为唯一标准的历史学和哲学史。简而言之，去伪就是按照观念唯实主义的原则对中国哲学史进行唯实解构和唯实重构。

去伪是相对于作伪而言的，有了国家权力的作伪才有观念唯实主义的去伪。从功能性的角度来看，观念唯实主义的重要功能之一就是要去伪，即对中国哲学史进行系统的唯实解构，以便为能够按照公正性、客观性和科学性的原则来重建中国哲学史铺平道路，而其中的一台重头戏就在于对于皇权主义下的意识形态的作伪行为进行去伪处理。只有这样，才能够恢复中国哲学史的本来面目，为建立科学的中国哲学史做足观念事实上的准备。

（四）非意识形态化原则

观念唯实主义强调对于历史上的意识形态的作用的研究，同时也强调对于现行意识形态的绝缘，这是观念唯实主义在意识形态问题上的另一个重要的原则。

　　如果说对于历史上的意识形态的处理已经脱离了利益纠葛，变成了一个纯粹的学术问题的话，那么如何处理与现行的意识形态的关系则不仅是利益纠葛问题，也是一个政治立场问题。在这个问题上，观念唯实主义坚持不将哲学史研究利益化，坚持不持任何政治立场，坚持用客观的立场和公正的治学态度来研究和构建科学的中国哲学史。

　　采用观念唯实主义的方法论来研究历史和哲学史意味着对于现行的意识形态和国家权力意志的自觉回避和主动绝缘。任何国家权力都会对于历史观和哲学史施加影响，都会将其视为意识形态的重要组成部分，因为这是一个国家和政府的正统性和合法性之所系。但是观念唯实主义并未计划成为国家意识形态的组成部分。当然，观念唯实主义也不会刻意抗拒现行的意识形态，为了反对而反对，刻意地去抵触、挑战和对抗国家意识形态，只要国家意识形态与国家意志符合事实性，观念唯实主义就会接受和拥护，就如同接受和拥护任何符合事实性的观点和结论一样。当然这要在现代性进入了历史学之后。

　　事实上，能否独立于现行的意识形态是能否坚持和贯彻观念唯实主义的关键。观念唯实主义平视任何权威和理论，不玩政治，也不会成为政治权力的附庸。观念唯实主义没有任何先验的政治立场，独立于和中立于任何政治理论和意识形态。

（五）非当代化原则

　　非意识形态化原则和非利益化原则的目的是为了确保观念唯实主义以客观的立场、公正的态度和科学的精神来研究哲学史。然而如何能够彻底地贯彻非意识形态化和非利益化的原则呢？为此，观念唯实主义的方法是不介入当代性，即非当代化原则。

　　当代性是行动事实时期，各种哲学思想处于具体行动的筹划、展开和深化过程之中，各派哲学思想的本质、历史作用以及社会和文化影响都还没有定性和定型，它们仍然处于事实性的立体结构和开放性过程的初期，还没有转化为历史事实，完整的观念事实还没有最终形成，只有在行动事实经过时间的过滤转变成为历史事实之后，事实性的真实性和完整性才会逐渐呈现出来，这时才是观念唯实主义对其进行唯实解构的时期。

非当代化原则保证了观念唯实主义回避了当代史，也从根本上避免了意识形态和政治对哲学史研究的介入，保障了观念唯实主义作为哲学方法论的纯粹性和纯洁性。

第四节　观念事实的外部制约条件

观念事实是哲学和哲学史研究的主题。哲学史是以哲学观念事实为核心的历史学分支，这是哲学史的最基本的原则和底线。

一、观念事实来自于时代性的制约

观念事实并不是凭空而生的、先验的，而是产生于时代性的土壤之中。任何哲学思想和哲学体系都直接和间接地反映时代性，也试图从不同的角度和采用不同的方法来解决时代性的困局。时代性的困局是产生新的哲学思想的催化剂，同时它也是制约观念事实的本质和特征的重要制约要素。也就是说，哲学观念事实要受到不同时代的横向条件和纵向条件的双重制约。哲学具有超越性是可能的，只要不同的时代具有相同的矛盾和时代主题。

横向条件和纵向条件构成了观念事实赖以产生的外部条件。所谓的横向条件是指制约观念事实的时代特征，包括当时的政治、经济、军事、科技和人文条件。所谓的纵向条件是指制约观念事实的历史性因素，包括对之前的观念事实的承接和反馈，行为事实的跨时代延续，以及特定的文明和文化的表现方式如传统和思维定势等。

横向条件和纵向条件规定哲学观念事实的性质和特征。处于皇权主义已经被制度化的西汉之后的哲学家不可能如春秋战国时期的民间士人和思想者一样再去开放性地思考春秋战国百家争鸣时期的各种政治性命题，而是要按照经学、董学和公羊学的原则和标准来适应国家意识形态的规范性要求。处于19世纪的欧洲哲学家不可能再像中世纪经院哲学家一样把神学和上帝相结合的形而上学看作是哲学的唯一领域，而是要面对科技进步所带来的种种新的政治、经济和社会现象和各种崭新的哲学命题。

二、外部制约条件不等于观念事实本身

虽然观念事实受到时代性的横向条件和纵向条件的制约，但是必须澄清的是这些外部条件并不是观念事实本身，这些外部条件无法代替观念事实本身。在哲学史研究中经常犯下的一个逻辑和方法论错误就是将外部条件等同于观念事实本身，即"外部条件决定论"。外部条件决定论实际上是一种机械决定论。虽然在讨论事物发生的原因时总是富有哲理地认为内因是决定事物发展的根本原因，外因只是条件，强调内因为主、外因为辅，外因通过内因而发挥作用，实际上内因与外因之间的逻辑关系并没有建立起来，两者处于断裂状态，而真正起决定作用的却是外因，是外部条件决定论。要公正、客观和科学地研究中国哲学史，必须警惕和避免这个逻辑错误和方法论误区。例如，从20世纪50年代开始在中国哲学史界流行一时的"中国思想通史派"便是典型的例子。

以侯外庐为代表的中国思想通史派强调对于不同时代的社会因素的考察，将社会因素与思想史的研究结合起来，这种方法对于深入了解观念事实产生和发展的背景是有益处的，但是通史派

有强化外部条件而弱化观念事实甚至用外部条件来代替观念事实本身的倾向。在研究董仲舒哲学时，对于西汉社会因素的强调并没有使他们能够正确理解董学，反而形成了对董学新的偏见，严重偏离了董学本身的观念事实，这实际上也扭曲了对于西汉汉武帝时期的时代性的理解。这种造成了双重扭曲的外部条件决定论无法客观、公正和科学地研究中国思想史和哲学史。

第五节　观念唯实主义的方法

任何方法论如果离开了具体的研究方法都是不实用的空中楼阁。观念唯实主义拥有脚踏实地的具体研究方法，这就是唯实双构法。

一、观念唯实主义对于唯实双构法的运用

对意识形态功能的去伪化是唯实解构法在中国哲学史研究中应用的具体内容，是唯实解构法在中国哲学史研究中的重要内容。唯实解构法在中国哲学史的研究中的一项核心使命就是要破解皇权意识形态对于中国哲学史的作伪的真相，非此，便无法建立起以事实性为基础的客观、公正和科学的中国哲学史。

在事实性基础之上重新建立中国哲学史的真实面目则是唯实重构法的具体应用。如果说唯实解构法是要破解皇权意识形态的作伪的话，那么唯实重构法则是要重新建立起意识形态在中国哲学史中的地位和角色，重新确立各种哲学思想之间的相互关系，尤其是董学与孔学之间的相互地位。如果说唯实解构法是要去意识形态化的话，那么唯实重构法则是要再"意识形态化"，只是这个"再"不再是作伪，而是要根据事实性来认清意识形态在中国哲学史发展过程中所发挥的客观功能，将意识形态本身看作中

国哲学史一个重要的参与要素和命题，加以客观而科学的分析。

二、观念唯实主义的唯实比较法

在中国哲学史的范围内对可比较物进行比较时，必须严格贯彻观念唯实主义关于观念事实的基本原则。观念唯实主义关于非参与性原则和非意识形态化原则的内在规定性要同时适用于两个可比较物，必须得到同等的遵守，采取相同的比较原则。建立在这样的事实性基础之上的比较才是中国哲学史可以被接受的有效比较。

（一）哲学史的有效比较

所谓的可比较物是指两个具有充分的事实性基础的事物。对于比较研究来说，只要两个事物具有了充分的事实性基础，那么两者之间就可以进行比较，两者之间的比较就是有效比较。也就是说，只有和只要两个事物具有了充分的事实性基础，这两个事物就能够和才能够进行有效比较。对于事实性的充分性的理解和把握是受制于时代性的过程，充分性的事实性并不意味着事实性的完整性，而只体现具体的时代性和特定的层次性，这与唯实主义关于事实性的开放性和过程性是一致的。

在哲学史研究范围之内，这意味着两个哲学观念和哲学体系要进行有效比较的范畴、理念和体系必须具有清楚而充分的哲学观念事实基础。也就是说，在哲学史的研究中，在对两个概念、范畴、理念和体系等进行系统的比较之前，它们必须具有清晰而充分的观念事实基础，在缺乏哲学观念事实基础的情况之下，两者无法构成可比较物，也就无法进行有效比较。对于缺乏充分事实性的非可比较物进行比较所得出的结论都是靠不住的，都是无效的。

（二）哲学史中的唯实比较法的结论判断标准

通过唯实比较法在哲学史中的应用可以明确地展现两个哲学概念、范畴、理念和体系等在观念事实上的异同。然而辨明两者在观念事实上的异同并不是最终的目的。对不同哲学思想之间进行唯实比较的目的在于发现两者在价值观上的异同。也就是说，在观念事实基础之上的价值观和价值体系的比较才是哲学史比较研究的最终意义。

第六节　哲学思想之间的传承性与独立性之辨

不同的哲学思想在时间维度上具有某种联系是不可避免的现象，这是哲学发展的特定方式，也是保持哲学思想线索的连续性的重要方式。但是如何断定在时间维度上不同哲学思想之间的本质关系却是在方法论上尚未彻底得以解决的问题。这个问题处理不好便会不利于历史上的哲学观念的准确判断和不同哲学思想之间的相互关系的正确的和准确的定位，便会产生诸多的歧义和误解，便会产生不同程度上的"哲学之谜"。

不幸的是，如何判定不同的哲学思想之间的相互关系并且对其进行正确的和准确的定位在中国哲学史上是个极度脆弱的领域和环节，许多缺乏事实根据的观念多年来成为了不容置疑的所谓定论和陈陈相因的思维定势，造成了中国哲学史许多是是而非的、经不起推敲的"迷局"，严重影响了中国人对于自己的哲学史和文化史及文明史的准确理解和认定，而董学和孔学之间的关系的错误定位便与此直接相关。

一、哲学思想之间的相互关系的判断标准

判断不同哲学思想之间的关系有两个标准，即观念事实性和

价值观，这也代表着两个层次。前者是后者的基础，后者是对哲学思想本质的判断。

（一）观念事实性

判断不同哲学思想和体系之间的关系首要的标准是其观念事实性。对不同哲学的观念事实要进行真实、全面和系统的分析和把握，对于观念事实性的偏离和以偏概全都会直接影响到对于不同哲学之间的关系的定位的判断。

（二）价值观的异同

发掘和把握观念事实性的目的在于真实地展现其价值观。在观念事实的基础之上，价值观的异同是对不同的哲学进行定位的最终的和唯一的标准。

判断两个哲学思想之间是否具有传承关系实际上就是判断两者之间是否属于同一个哲学流派的问题，而这种判断的最终依据是价值观，而承载价值观的是核心概念和范畴，也就是说，如果两个哲学思想之间的核心概念和范畴具有相同性，那么这两种哲学思想便很有可能具有传承关系，而在核心概念和范畴之间存在着体系性壁垒的两种哲学思想则不可能存在传承关系。

二、不同哲学思想之间的关系种类

根据观念事实性和价值观的异同这两个标准，我们便可以对不同哲学之间的关系进行分类，从而明确它们之间的继承、发展、超越和独立性的相互关系。

（一）继承之辩

不同哲学思想之间的继承关系可以跨越时空来进行，而在具有相同或者相似的文化传统的同一地域或者文明体系之内则更容易发生后来人继承前人哲学思想的现象，这在强调家法和师承的中国文化表现得更为明显。例如，孟子儒学与孔学便是这种关系。

然而，这些传统或者方式并不能够成为断定两个哲学思想之间关系的依据和逻辑线索，两个哲学思想之间是否存在传承关系必须且只能从其哲学观念事实本身加以判断，这是哲学比较的唯一的基础，任何其他的因素都属于外在的参考因素，并不具有规定性。

（二）发展之辩

一种情况是后来人的哲学思想基本上继承了先哲的思路，但是又在原来的基础上有重要开拓，后来的哲学思想在保持先哲的基本理念和价值观的同时又有所突破，这样便形成了后来哲学对于前者的发展。这样的情况在中外哲学史中屡见不鲜。例如，中世纪的经院哲学由 5 世纪的北非人奥古斯都奠基，又由 13 世纪的意大利哲学家托马斯·阿奎那进一步发展，形成了统驭欧洲哲学一千多年的经院哲学体系。

（三）超越之辩

一种情况是后来的哲学思想也包括先哲的核心概念和范畴，但是它们却并不构成其哲学思想的核心部分，而只是边缘的辅助性构成，两者的核心概念和范畴不再重合，而是出现了偏离。这样，后来的哲学思想在很大程度上会超越先哲，形成具有不同的理念、逻辑线索和价值观的哲学思想。马克思主义的形成便属于这种超越性的哲学发展。马克思汲取了德国古典哲学、空想社会主义思想和英国政治经济学的精华，虽然其中包括了三者的核心概念和范畴，但是它们都不再是马克思主义哲学的核心概念体系，马克思在先哲的基础之上建立起了自己的哲学体系，完成了对三者的超越，对西方哲学史和意识形态史产生了巨大而彻底的冲击和震撼。

（四）独立性之辩

当后来的哲学思想超越了先哲的思想时，再将其称作是对前者的传承，再将其纳入前者的流派之中便是错误的了，应该赋予后来的哲学独立的地位，将其视为独立的哲学思想和体系。尤其是当后来者的成就远远大于前者，并且已经上升到国家意识形态的地位之后，再将后来者纳入前者的流派之中不但是在削足适履，更有别有用心之嫌了。其荒谬程度相当于在马克思主义彻底改造了西方文明之后仍然将其看作是对空想社会主义或者黑格尔哲学的传承。

第七节　中国传统史学获得观念事实的方法

在中国学术史上并没有专门针对哲学观念史的研究方法，传统的研究方法将语义、历史人物和历史典故以及观念事实等的考证混同一起来进行，代表中国古典学术最高峰的乾嘉学术仍然如此。因此，从严格的标准来看，中国古典学术并不能为哲学观念事实的科学考察带来系统的方法论。但是这并不妨碍观念唯实主义从古典学术中汲取营养、经验和技巧来丰富和加强观念唯实主义的方法论。

一、训诂考据学

通过训诂对文字和历史典故进行验证和辨伪的考据学长于对局部和个别的对象进行深入的挖掘。训诂考据学可以发现文字的原始语义，掌握其变化过程，这对于验证、丰富历史事实和观念事实都是有所裨益的。训诂考据学的这个方法对于中国哲学史的重构仍然是不可或缺的工具，也是历史唯实法不可或缺的研究手段。

由于中国古代哲学尤其是先秦哲学的文字表达十分简洁，例如老子庞大而深邃的哲学体系只通过五千字的《道德经》来表述，许多新的哲学概念和范畴迸发而出，但是书中缺乏对这些新概念和范畴的逻辑规定性。记述孔子言论的《论语》不仅体制散乱，用词更显得随意和随便，很难理清孔子思想的真正含义。年代的古远又增加了后人对先秦哲学理解的困难，对一些重要概念和范畴的把握屡生歧义。这使得确定特定哲学概念的内涵成为观念事实要面对的首要工作。在此，长于挖掘文字来龙去脉的训诂考据学方法是解决这个问题的重要方法。

训诂考据学在中国古代有辉煌的传统，历朝历代的学者都对古代典籍进行不断的训诂学研究，以使古代典籍能够为时代所用。训诂考据学在清朝达到了顶峰，乾嘉学派涌现出了众多的考据学大家，他们孜孜以求，皓首穷经，在训诂学、音韵学和校雠学等方面都取得了历史性的突破，可以说他们使中华传统文化获得了第二春。

训诂考据学当代仍然是具有生命力的，历史唯实法仍然要依靠训诂考据学的帮助来完成中国哲学史的重构。

二、校雠学

校雠学的研究对象是古代的书籍和文献等文字材料，对于历史事实和观念事实的发现和核实起着间接的作用。虽然如此，校雠学的考订仍然对于事实性的整理和检验起到一定的辅助性作用。

训诂考据学主要是对传统文献中的字和典故进行钩沉锥指，对于不同版本的系统研究和整理以及进行目录编制的工作则属于校雠学的范围。校雠学发轫于西汉中期的刘向。在奉旨整理皇家秘藏时，刘向发现同一本古籍往往存在不同的版本，为了给皇帝写出完整和相对客观的书籍摘要，刘向开始了对之前未曾被注意的各种古籍收藏并进行校订的工作，他的《别录》是我国历史上第一部校雠学著作，开辟了中国校雠学的先河。刘向在《别录》

中对校雠进行了形象的解释：

> 雠，校书，一人持本，一人读，对若怨家，故曰雠书。[①]

这要是指文字的校订，可以说是狭义的校雠学。刘向创立了系统目录法，不仅将古籍进行"部次条别"，更要"辨章学术，考镜源流"，实际上是要对古代的学术传流进行系统的梳理和记录，其功能已经超出了简单的目录学范畴。中国在先秦和西汉初期的文献能够得到保存或者留存下一定的线索，刘向的系统目录法作出了巨大的贡献。刘向之子刘歆对《别录》举行了简化，编成《七略》。被后世奉为先秦文献学圭臬的班固《汉书》中的《艺文志》基本上就是《七略》的原貌。在西汉之后，由于书籍逐渐增多，又出现了四部分类法。按照这个方法，虽然可以为浩瀚的书籍编制目录，但是编撰的内容和形式都简化了，以至于失去了刘向提出的"辨章学术，考镜源流"的学术功能。

中国古代的校雠学在清朝时期达到了鼎盛，绝大多数的古代典籍都在清朝得以考订，形成了我们今天所看到的各种相对完整的古代典籍，这里不知凝结了清朝学者多少皓首穷经的努力与心血。清朝最著名的校雠学专家是章学诚，他提倡校雠学重新回归刘向的系统目录法，强调校雠学要恢复学术史的功能。章学诚对校雠学进行了理论梳理，强调互著与别裁法，其《校雠通义》代表了中国古代校雠学的最高成就[②]。

在西汉之后，对图书的系统整理和目录编撰作为一个学术传统被历代所保持，到清朝则被发展成为一个专门的学问，成为显

---

① 引自（清）章学诚著，王重民通解：《校雠通义通解》，世纪出版集团／上海古籍出版社2009年版，第1页。

② 虽然毕生致力于古代文献的校雠学研究，但是章学诚却没有掌握恰当的研究方法。"遗憾的是他不精于考据，往往凭推想行事，使他的理论所发生的依据时有不大可靠，或者是误解的。"王重民先生对章学诚治学方法的评价颇为中肯。这表明章学诚背离了事实性这个历史唯实法最根本的标准。

学。校雠学与训诂考据学相互对应和补充，形成了一个整体，两者不但在研究内容上不时发生重合，两者的相辅相成也促使了古代典籍得到一次比较彻底的翻新。

训诂考据学和校雠学的突破性发展赋予了清朝学者新的方法论武器，促使他们全面而系统地整理了中国古代的各类书籍，进行了充分的考订，对古代典籍基本上都勘定一新，使许多被人遗忘、几近散佚和流失的文献，包括《管子》《荀子》《春秋繁露》等珍贵典籍，都完整地重新出现在了人们眼前，如古树新花，获得了第二春。

清朝学者训诂考据学和校雠学方面取得的巨大成就，为中国古代文化的保存作出了不朽的贡献，为我们后人完整而系统地研究先人的思想提供了可能性，也为历史唯实主义的实施提供了坚实的平台。

中国古代校雠学的成就遥遥领先于同期世界上的其他文明和国家，即使在近代仍然如此。在中国文明崛起的大背景之下，我们更要保持住中华文化这个优良的学术传统。

随着近几十年简帛学的兴起，当代校雠学的任务应该更多地转向对出土简帛的考订和编纂。

三、司马光的考异法

考异法是中国古代治史的一种方法。它是通过在不同的史料之间进行比较而得出更为接近历史事实的本来面目的研究方法。与校雠学相同，比较法是考异法的灵魂。

北宋的历史学家司马光专研近 20 年完成了《资治通鉴》这部中国历史上最系统的编年史巨著。作为《资治通鉴》的副产品之一，司马光还写成《通鉴考异》一书，记述了他对一些具有争议或者不同叙述的历史事实的考证方法和过程。通过考异法，司马光澄清了历史上一些混乱的记载，恢复了一些众说纷纭的历史事实和历史人物的本来面目，成为《资治通鉴》一书的一个亮点。司马光由此而成为古代考异法的代表人物。

这种通过史料比较而得出更为接近事实的治史方法古已有之，司马迁在撰写《史记》时便提出了"考信于六艺"的原则，表明他对于六艺已经具有了怀疑的精神，从某种程度上看，《史记》是司马迁对先秦史料进行考据之后而完成的著作。唐代的杜佑在编撰《通典》时，经常在小注中考辨史料的真伪。但是，直到司马光这种方法才被系统化，正式形成了考异法。《通鉴考异》也成为中国历史上第一部详述考异法的历史学方法论著作。这是司马光除了完成《资治通鉴》之外对中国历史学的另一个重要贡献。

然而，强调通过史料比较来展现事实原貌的考异法并不为官方史官所认同。在王朝政治之下，正史的目的是要为现存的王朝服务，是王朝意识形态的重要组成部分，历史事实的事实性并不是首要的原则。因此，司马光的考异法只能作为民间学者的治史原则。南宋李焘的《续资治通鉴长编》、李心传《建炎以来系年要录》、清代徐乾学的《资治通鉴后编》等民间史书都采用的了考异法作为治史原则。清朝的乾嘉学术以考据见长，考异法因此而受到一些学者的推崇。钱大昕的《二十二史考异》、王鸣盛的《十七史商榷》和赵翼的《二十二史劄记》等都是考异学的名著。

四、顾炎武的历史研究法

顾炎武对于中国传统的历史研究法进行了批判，对于一些作为传统意识形态组成部分的历史观提出了质疑，同时，对于新的做史原则也作出了建设性的努力，这使得顾炎武的历史观在中国传统史学史中具有不同凡响的意义。史称顾炎武是有清一朝开辟了新的学术方向的大师是言之有据的。

顾炎武的历史观和历史研究方法主要体现在他的《日知录》之中。在这本耗费了他后半生全部心血的代表作中，顾炎武一转明末空疏高论的学风，论述扎实，言之有据。

（一）顾炎武历史观的政治哲学基础

作为一般性的规律历史哲学是政治哲学的组成部分，政治哲学的原则和理念影响甚至决定历史观。同样，顾炎武的历史观植根于他的政治哲学。

在满清入侵中原之后，顾炎武曾试图参与南明小朝廷抵抗清朝的侵占。在以战争形式无法挽回明朝灭亡的败局之后，与许多当时的思想家如王夫之和黄宗羲等一样，顾炎武将斗争的主战场转向了思想领域。虽然在早期的抗清努力远不及黄宗羲，但是顾炎武却能够始终如一地坚守抗清斗志，终其一生也没有发生丝毫的动摇，即使在清朝统治已经得以确立的晚年也是如此，这与如黄宗羲等人在晚年转而与清朝妥协，甚至开始接受和歌颂清朝和康熙帝是不同的。顾炎武在北游过程中始终在思考明朝灭亡的根源，其著书立说的目的也是要为"天崩地裂"的明清王朝转换做一个时代性的思想和哲学的总结，为未来汉族的复兴提供思想指引。因此，顾炎武的历史观有明确而深刻的政治目的性。

顾炎武的总结并没有局限在政治层面上，而是深入到了明朝的思维方式上，这是十分深刻的。晚明一代思维方式的弊端正在于程朱理学的泛滥。顾炎武痛切地指出，明朝学术回避时事、一味空谈的学风，尤其是王明阳片面扩大自我内在感受的心学，学者和官员们沉醉于玄学而不务正业是导致明朝被文化上相对落后的满清所征服的重要原因之一。据此，顾炎武提出要摒弃程朱理学和心学的空谈，而要向经世致用的学风转变，而为了学习经世致用的学风就需要向汉朝的学术和思维方式学习。如果说反对程朱理学的思潮在明朝晚期已经存在了的话，那么这些批评者还不知道否定了程朱理学之后人们的思想方向应该转向何处。顾炎武的思想不仅延续了从明朝后期便开始的反理学思想，还为反理学思想指出了出路，那就是回归汉朝学术。正是以此为基础，顾炎武提出了他的历史方法。

（二）顾炎武的历史观和历史研究法

顾炎武的历史方法具有两条主线，即主张为学要以经世致用为目的，以及要注重考据，做到言之有据。它们都是建立在顾炎武明末清初政治观的基础之上的。具体来讲，它们主要体现在：

1. 强调尊重事实。

顾炎武强调对历史事实的尊重，反对以政治目的论和需求来统驭历史学，也反对文人以文章谋利的行为。顾炎武反对以国家意志来扭曲历史事实的做法，指出了为了证明王朝的正统性，由国家编辑的正史在敏感的政治问题上往往有不可信之处。而对于维护王朝政治的"为尊者讳"的原则顾炎武也加以批评，主张要以事实为主来修史。例如，为了表达王朝的正统性，在大一统缺失的情况下，个别王朝将本朝的年号作为唯一的正统，按照本朝的年号表述其他同时期政权的历史。顾炎武对于这种做法持批评态度，认为应该尊重事实，按照不同政权的年号来记述不同地区的历史事实。

2. 对各种观点包容尽蓄。

对于不同意见和存在争议的事实，顾炎武提出史书不要选边站，而是要将不同的意见和立场都记录下来，不贸然地卷入是非争斗。这个立场对于顾炎武来说是难能可贵的。顾炎武年轻时便加入复社指点江山，对于朝廷和官僚体系的贪腐行为口诛笔伐。在满清征服中国过程中的种种暴行更是深恶痛绝，力主抗争。这种激烈的感情色彩却并没有左右顾炎武的求学精神，学术理性战胜了各种情感的冲击，这在那个世运多舛和个人前途无着的动荡时代是十分不易的。

3. 尊重多元化的资料来源。

受到欧阳修《集古录》的影响，顾炎武重视利用金石铭文等文物资料以及对历史遗迹的考察来考辨史书中的记载。顾炎武曾经周游中原和西北地区，所到之处对于地方的历史和典故进行过实际的考察，不畏深山险阻，在旧庙和古籍等处顾炎武亲自观摩、誊写和做拓片，以便与史书相核对。这种重实践的求实方法使顾炎武得以纠正了史书中不少以讹传讹的不准确之处。

4. 深究原著。

顾炎武的重要思想倾向和价值观之一是反对和摒弃妄谈主观感受和一味空谈的宋明理学，主张要回归到经世致用的先秦和汉朝的思想中去。而为了能够真正理解先秦和汉朝的典籍，就必须首先弄清先秦和汉朝思想的原貌，按照实事求是的原则学习"六经"，而不要像宋明儒生一样还没有理解就对汉朝和先秦典籍加以否定，用自己浅薄的主观感受代替对于经典的钻研。

除了在他重点研究的历史领域之外，顾炎武还将强调事实的研究方法引入了对哲学概念的考辨之中。例如，顾炎武旁征博引，从对古籍的扎实考辨中理清了关于体与用这两个对应范畴的源流。

顾炎武的这个哲学倾向对于清朝的学术走向产生了重大影响，对于中国哲学史来说也是一件堪称里程碑式的价值转向。中国哲学史在经历了晚唐、五代十国以来的迷失和宋学的误区之后，终于能够重新正视中国哲学的真实面目了。这一过程经历了800年之久。

5. 音韵学的突破。

为了弄懂先秦和汉朝的典籍，顾炎武重视对古辞的训诂和考证。除了传统的字义训诂方法之外，顾炎武在音韵学训诂方面取得了突破性的进步，为考据学统领清朝的学风奠定了基础。顾炎武曾著《音学五书》等著作。

（三）顾炎武的历史方法对于清朝学术的巨大影响

虽然后世往往将清初的三位大家顾炎武、王夫之和黄宗羲相提并论，但是三者中对于清初乃至整个清朝学术产生了最大和最持久影响的非顾炎武莫属。王夫之隐遁湘中深山，与外界接触很少，其思想当时并不为人所知，在他去世几十年后，他的后人才陆续将其遗稿刊印，世人才逐渐认识了王夫之。黄宗羲的影响仅限于浙东地区，具有鲜明的地域性。黄宗羲虽然曾经因早期的《明夷待访录》而成名，而在他其后的教学实践和自身的行为中却回归到了传统的经史之中，不再倡导该书中具有颠覆性的政治理论。黄宗羲的学案体史学也仅限于浙东史学，虽然对浙东地区的王学（即王阳明的心学思想）进行了梳理，但是在全国并没有发扬光大，在全祖望续写完《宋元学案》之后便无以为继。而无论是在当世还是在后世，顾炎武的学术影响力都是直接而深远的。在晚年，顾炎武已经是"名满天下"的大学者，成为学术界尊崇的领袖。章学诚在《校雠通义·外编》中有"世推顾亭林为开国儒林"，便是对顾炎武在清朝公认的学术地位的记录。可以说，在史学上，顾炎武代表了清初学术的最高峰。

顾炎武认为"六经皆史"，将经学纳入了史学的范畴，他提倡经世致用的学风，恢复士人的时代责任感。顾炎武的历史观强调历史的事实性，为此他不惜对传统的意识形态提出了质疑，实际上已经是在反抗皇权主义的作伪行为。顾炎武倡导的学术研究的两条主线即经世致用和注重考据在不同的阶段都对清朝产生了重大影响。在康熙中后期，随着天下安定局面的形成和文字狱的强化，清朝学术界淡化和回避了经世致用的主题，注重考据的主线得以发扬光大。考据学受到推重意味着清初学术风气的重大转向。后来的清朝学者将他提倡回归的汉朝思想发展成了系统的"汉学"，汉学又发展成了蔚为大观的"乾嘉学派"，这一学派竞相考据、校雠，成为清朝最重要和取得了最多学术成绩的运动。在汉学的打击之下，"宋学"逐渐被排挤出了学术界。而在道光末期，随着清朝内部危机的加剧和外部危机的形成，学术界再次祭出了经世致用的大旗。可以说，顾炎武是对整个清朝学术产生最重要影响的思想巨人，清朝后来的学术发展都在具体地贯彻他的思想倾向。研究中国哲学史的方法论就不能不研究顾炎武关于历史的观点。

（四）顾炎武历史观的局限性

虽然在考据学上精益求精，做了大量工作，但是，顾炎武并没有系统地提出历史观和哲学方法论，他在理论构建上仍然显得不足。这是因为：

1. 就事论事。

顾炎武的历史方法仍然在于具体的考证，仍然是就事论事，他并不志于提出系统的方法论，也没有从理论的高度对历史方法进行概括和总结。顾炎武的重要著作《日知录》所列举的都是对于具体的"点"的考证，虽然顾炎武对于每一条的撰写都进行了细致的推敲和考证，但是从条目的选择和通篇布局来看具有明显的随意性和偶然性，而对于少数具有普遍性和理论性的归纳和陈述也是在对具体事物的考据中顺便提及而已。

2. 没有普遍而深入地涉足哲学领域。

顾炎武对于历史的考证仍然局限在具体事物的范围内，虽然提出了重视汉代思想的重大命题，但是他对于哲学的态度仍然主要以批驳宋学的虚妄为主。虽然也偶有涉及哲学观念史的考证，但他仍然只是做具体的"点"的考证，对于汉朝哲学的研究可谓是"蜻蜓点水",并没有展开对于汉朝哲学的全面考证。从顾炎武的著述和自述来看,他并没有区分观念事实与历史事实,并没有独立从事哲学史研究的自觉性。纵观顾炎武的整个学术活动,整合哲学史并不是他的宗旨和关注的重点。因此,顾炎武虽然对于确定清朝的学术方向发挥了关键性的作用,但是没有提出系统的哲学方法论。

五、浙东学派的学术史研究

明末清初的另一位大学者黄宗羲对于中国哲学史的研究具有重要意义。黄宗羲的史学思想成为浙东学派①的核心,他创立了"学案"方法,为中国哲学史的研究开辟出了一条新路。由他撰写的《明儒学案》和他开篇由全祖望续成的《宋元学案》是其学案体的代表作。

(一)学案体的结构

学案体是以个人为中心的学术传记,它虽然有学派的划分,但是中心仍然是个人,可以说学案体是个人学术评传的汇编。黄宗羲将明朝的理学家分成了十七派,每派做一学案。学案体由三部分组成,即简介、生平和思想介绍以及作品摘录。简介十分简练,主要是点明该人思想的要点和学派的归属。生平部分则扼要地陈述其主要的时代背景、个人经历和师友渊源。作品摘录即"纂要钩元",皆来自于该人的作品,选择的是最能够体现该人思想

---

① 关于清朝是否存在浙东学派的问题学术界仍然存在争论。黄宗羲、万斯同兄弟、全祖望和章学诚等人并没有严格的学术宗旨,但是形成了具有鲜明的地域性的一个学术团体。地域性不仅表现在其人员的生活区域,也表现在学术的侧重点上,无论是学术史还是历史学的研究,他们都以浙东地区的人士为重点。这个团体的另一个特点是通过学案体梳理宋元明三朝的哲学史,而黄宗羲编撰学案史的主要线索仍然局限于王明阳学说流行的浙东地区。因此从松散的意义上看,清朝初中期在浙江地区确曾存在过一个独特的、自发性的学术团体。

的一些片段。

在《宋元学案》中，全祖望补充了学案体的结构。他为每个学案撰写了《序录》，对每个学案进行了高度的概括。全祖望还为每个学案编制出了"案表"，列举出该学派的传承、师友和弟子，可谓是一目了然，是其一大创造。全祖望还在每个学案中设置了"附录"，载录学者的逸闻趣事、后人的评论以及其他的各种资料，为进一步研究提供线索。

经过全祖望的有益补充，学案体臻于成熟。《宋元学案》的体例也较《明儒学案》更为完备，真正做到了个人与学派相结合、微观与宏观相结合、原始资料与学术评价相结合，代表了学案体的最高成就。

（二）学案体完成了中国第一部真正意义上的哲学史

学案体是中国历史上第一部真正意义上的思想史，是断代体的哲学史。

黄宗羲花费了十余年的精力精心撰写了《明儒学案》，成为明朝哲学史上一项具有开拓性的工作。《明儒学案》以王学为基本线索，记录了明朝202位学者的事迹，梳理了明朝哲学的发展脉络，成为了解明朝哲学的重要史料。相比于《明儒学案》，全祖望最终完成的《宋元学案》则更多地录入了王学之外的流派，如补充了王安石的《荆公新学略》和苏氏父子的《苏氏蜀学略》，体现出了更多的兼容性和客观性。

然而，学案体仍然只是断代体，无法追踪和把握中国哲学史的全貌，未涉及宋朝之前的哲学史，因此学案体并不是完整的中国哲学史著作，仍然只是中国哲学史的雏形。按照冯友兰的分类方法，学案体属于"选录式的哲学史"，这种方法"不易有系统的表现，读者不易知之"①。

（三）全祖望的历史方法

全祖望是清朝初中期重要的历史学家，是黄宗羲创立的浙东历史学派的代表人物之一，他对于中国哲学史的贡献是继承了黄宗羲的遗志，完成了其未完稿的《宋元学案》。全祖望一生虽然著述等身，但是由于贫穷等原因，许多手稿都已经散佚了。流传下来的重要著作除了《宋元学案》之外，有《全氏七校〈水经注〉》和个人文集、诗集等。

作为一位出色的历史学家，全祖望对于历史方法也深有体会，在许多方面已经超越了黄宗羲，可以说是代表了浙东学派在历史学方面的最高水平。

全祖望的历史方法主要有以下特点：

1. 史以纪实。

史以纪实即历史是用来记录事实的观点，是全祖望最根本的历史方法。这与黄宗羲的"寓褒贬于史"的历史观是不同的。黄宗羲也强调史实的事实性，反对没有事实根据的妄言，但是他更重视将价值观引入历史学的编撰之中，而他的价值观主要就是以明为正统，以清为外族的夷夏观和对于忠臣和奸佞小人的褒贬。全祖望与黄宗羲的价值观是相同的，但是在历史的著述上更加突出事实性，没有让价值观过度冲击对事实性的把握。

2. 怀疑精神。

全祖望尊重先贤，但是在学术上则并不拘泥和迷信先贤，对于黄宗羲也是如此。全祖望认为"不善学者，据一先生之言，穷老尽气，不敢少异，而未尝顾其心之安否。是为有信而无疑，学问之道未之有也"②。全祖望在《宋元学案·东莱学案》中主张"善

①　参见冯友兰：《中国哲学史》（上），重庆出版集团／重庆出版社2009年版，第14页。
②　见（清）全祖望：《鲒埼亭集外编》卷十六《甬东静清书院记》。

尊其师"，却不可"尊其师之过"，更不能任意贬抑其他学者。

3. 对于官史的摒弃。

全祖望对于官史持激烈的否定态度，认为"朝廷之修官书，足以为害，不足以为益。……盖天下之足以废弃一切者，莫有若官书也"[1]。

这种观点虽失于偏颇，但是很明显全祖望认为官书不符合其"史以纪实"的原则，由此可见他对于史以纪实原则的重视程度。

4. 具有创新精神。

全祖望治经史能够不囿于一家之见，取各家所长，但又不拘泥古人，勇于挑战因传的旧说，善于创新。全祖望对于许多问题都能够提出自己的见解，这些见解并不是主观的臆断，而是以其广博的考据为基础。虽然他的许多见解并没有被学术界的主流所接受，但是仍然能够给人以启迪。在他呕心沥血续编的《宋元学案》中对黄宗羲原稿的多处修订、完善和创新集中反映了他不拘一格的创新精神。

六、康有为的哲学史研究法

康有为是有清一朝对公羊学和经学研究颇有特点的人物。康有为宣称要以公羊学的原则来重振朝纲，实现已处于没落的晚清的中兴。以此基础康有为成为晚清改良派的代表人物，直接促使了"戊戌变法"的实行，在政治上造成了巨大冲击。明确而正面地提出公羊学，并且认识到了公羊学的政治功能，这在中国两千多年的政治史上是绝无仅有的事件，可谓是董仲舒的公羊学在两千年之后的政治舞台上的一种回响。

抛开政治上的冲击力不谈，从学术上来看，康有为对于公羊

---

[1]　见（清）全祖望：《鲒埼亭集外编》卷四十一《答谢石林御史论古本〈大学〉帖子》。

学的研究却是不及格的甚至是惨不忍睹的。康有为并不理解董学、公羊学和解经学，也不理解以董学和公羊学为意识形态的公羊模式。

康有为对公羊学和经学产生错解的根本原因在于康有为治学的方法上。不能说康有为对于经学没有一定的见解，他维护今文经学，着力揭露古文经学乃刘歆等人伪造的"事实"，但是这些指摘是经不起推敲的。康有为的致命错误出现在对于观念事实的把握之上。从康有为的著作来看，他对于观念事实的把握是十分脆弱的，他的结论基本上都是对有限的事实性的过度解读，到了后来他干脆就将他的臆断当作事实来说事，犯下了以主观性代替事实性的逻辑错误。康有为著书的真正动机是政治功利性，将他一知半解的公羊学武装成了急功近利的政治武器，而不在于学术性本身，也就是说，康有为是假借学术之名来实现其政治的功利性。这就是在他的《新学伪经考》等书一面世便会受到学术界压倒性的质疑的原因。因此，康有为的著作从晚清政治史的角度来看是有一定的价值的，却无法被摆到严肃而严谨的学术台面上。公羊学在晚清混乱的政局上如一颗烟花，在瞬间闪亮之后便变成了烟灰。缺乏事实性的基础，董学和公羊学是无法被真正复兴的。

七、考古学与二重证据法

王国维的二重证据法就是将古代典籍记载与考古学发现进行相互验证的考据学方法。二重证据法第一次将考古学纳入了中国传统的学术研究方法考据学的范围，是中国传统考据学的一次里程碑式的进步。二重证据法并不是王国维个人的发明，而是他作为著名学者对于已经存在了的两种研究方法的协调。

晚清和民国初年中西文化激烈碰撞和交锋，二重证据法正是在这种背景下提出的。如何看待和处理中华传统文化和西方文化这个在当时备受争议而又十分棘手的命题？二重证据法在力挺中华传统文化和排斥西方文化的保守派与盲目鞭挞和诋毁中华传统文化和主张全面西化的崇洋媚外者之间找到了一个平衡点。王国维的二重证据法巧妙而自然地将西方近代考古学纳入了中国的传统学术，实际上是坚持了"西为中用"的立场，实现了将传统的以考据学和校雠学为主要内容的古文献研究与西方近代的考古学的完美结合，这种结合不但对于挖掘、理清和证实中国历史上的文物的事实性具有促进作用，对于中国学术如何看待和利用西方文化成果也起到了示范性的作用。

虽然是将传统的文字和文献考据学与新兴的考古学进行并列比较和验证的方法，二重证据法的动力是在考古学方面。传统的考据学基本上是静态的，单纯依靠文字学和文献学已经不会带来重大的、突破性的发现，而考古学的不断发展却能够不断地发掘出简帛文献、墓葬和各种遗址等实物材料，这些新材料为二重证据法带来了真正的活力，能够为考据学带来突破的动力源泉。

然而，考古学与考据学并不永远都会出现重合的情况。一种情况是考古学的发现并没有在传统文献中有所记载，另一种情况是传统文献中的记载并没有在考古学中获得相应的发现。在第一种情况下，要获得新的观念事实就只能依靠考古学本身了，这是旧石器考古、新石器考古和上古时期的考古中的常规状态。同样，在第二种情况下，考据学仍然是唯一可以依靠的资料来源。

考古学面临的另一个困局是简帛文字的发现。简帛文字与其他实物性的考古发现不同，它兼有实物性考古文物和古代典籍的双重特征，既是实物事实也可能是观念事实，是两者的结合体。作为实物事实的简帛文字具有确定性，可以直接作为实物性考古发现进行研究。然而，作为观念事实的简帛文字则更为复杂，它们并不能因为是考古发现而就直接成为唯实材料。作为可能的观念事实的一种，古代文献所承载的只是一种可能性，其不确定性和谜团绝不比流传下来的古代文献为少，也就是说简帛文字的出现在回答一些问题和破解一些谜团之前，往往会带来新的问题和谜团。只有在进行了充分的考订和辩证之后，部分的简帛文字才能够被接纳为唯实材料。而对于这些问题，王国维并没有涉及。

八、梁启超的"历史研究法"

清末民初的著名学者梁启超曾著《中国历史研究法》一书。梁启超志向远大，其学术生涯涉猎极广，但其核心是历史学。他提出的历史研究法曾经为当时的历史研究者所关注。但是，对于历史学的方法论的讨论，梁启超与其轻灵多变的学风相一致，在理论上并没有扎实的创建。

概括来说，梁启超的历史研究法具有以下特点：

1. 批判中国传统的历史观。

梁启超对于汗牛充栋的中国历史表现出了复杂的心态，认为既然要继续研究中国历史就要使其与现实发生关联，要对当今具有帮助，即所谓的以古益今的历史观，而不要钻到故纸堆中读无用之书。

2. 要将西方的进化论引进历史学的研究之中。

梁启超要用西方的进化论的价值观来重新阐述中国历史。利用西方的历史哲学来重新解释中国历史在方法上是个重要的突破，可惜的是梁启超并没有如愿完成他重修中国历史的鸿愿。

3. 论述了历史与历史学者之间的关系。

梁启超认为历史是历史学的客体，历史研究者是历史的主体，历史学就是如何处理主体和客体之间的关系的学科。这种主客体之分并非是中国传统的思维方式，而是借鉴了西方的思维方式。

显而易见，虽然旨在标新立异，但是梁启超所谓的历史研究法并无新意，在许多方面没有经过深思熟虑，许多观点是值得推敲的。这表现在：

1. 长于批判而无力建设。

梁启超对于中国传统历史的批判可谓是口无遮拦，欲将其打入冷宫而后快。但是，批判过后，如同当时的绝大多数时髦文人一样，并不知道如何对待五千多年辉煌、浩繁而错综复杂的中国文明史，简单的否定和打骂不足以否定中华传统文明的光荣历史。

2. 哲学基础有问题。

进化论思想是 19 世纪后期和 20 世纪初期在中国颇为时髦的思潮，是西方社会达尔文主义在中国的版本。但是，在第一次世界大战之后，在巨大的人类灾难面前，这种崇尚弱肉强食的丛林法则的思潮便被西方国家所摒弃了，在中国也逐渐销声匿迹。实践已经宣判了这种思想的死刑，而要以这样不成熟、错误百出和给人类带来巨大灾难的思想作为重新梳理中国历史的"新的"研究法显然是无法成立的。

九、统计学

人类的生活离不开数字，数字从来就是人类历史的一部分。不可避免地，对数字的运用在历史学中自然具有悠久的历史。然而，只是从近现代开始，随着统计学的出现，对数字的运用才进入了有意识的自觉阶段，对事物和人类行为的量化分析才开始真正具有独立性。令人欣慰的是，统计学也开始进入了历史学领域。用统计学的方法对有关历史事实进行数字上的专门的分析，这实质上是引进了对历史事实的量化分析方法。量化分析法对于获得新的历史事实和澄清一些模糊不清的历史事实是个重要的帮助。日新月异的计算机技术的发展使人们进行数字分析的能力越来越强，这也无疑会使量化分析法在历史学领域中越来越受到重视。

十、简帛的双重性和局限性

过去几十年来，中国考古学的健康发展为我们带来了两千多年来未见的宝贵的竹简和帛书材料，这大大地丰富和扩展了中国哲学史的视野，使许多过去悬而未决的问题得到了解决，或者提供了新的线索。诚如李学勤先生所言，出土竹简和帛书有可能帮助我们重新认识中国学术史，为重写中国学术史提供了契机。

但是，简书是不是唯实材料则是个需要认真把握的命题，不能因为是出土材料就想当然地将其视为唯实材料。

如前所述，简帛材料具有实物事实和可能的观念事实的双重性，是两者的结合体。简帛材料的这种特征决定了对它们的处理方法也不得不体现出双重性。作为实物事实的简帛文字具有确定性，可以直接作为实物性考古发现进行研究，然而，作为观念事实的简帛材料则并不能因为是考古发现而就直接成为唯实材料。

许多简帛材料可以与今本相互验证，但也有许多简帛记载的内容是孤证，无法与现存的材料进行认证；许多简帛材料相互之间也并不相同，无法进行相互认证。简帛材料能够体现出中国哲学史尤其是先秦哲学史的片段和演化过程，这是它们对于中国哲学史独特的贡献，但是它们的内容则要慎之又慎，切不可想当然。对于简帛材料的内容、性质和意义必须经过历史唯实主义严格而耐心的研究，从多角度和多层次本着就事论事的原则逐一地加以考察和认证它们是不是唯实材料。

第八节　观念唯实主义与解构主义

观念唯实主义是通过对观念事实来检验现有的各种结论的方法，唯实解构对于现有的观念误区和错误的逻辑系统具有破坏力和否定力，这点与欧洲哲学史上的批判哲学具有相似之处。然而两者的相似之处仅仅体现在功能上，在方法上和原则上则完全不同。作为西方"后现代"批判哲学的一种，解构主义被认为是最具彻底性的对西方传统哲学和文化的批判理论，可以被看作是西方批判哲学在西方现代哲学中的代表。但是解构主义本身却存在着本质性的缺陷，与观念唯实主义并不能同日而语。

观念唯实主义是对历史上的观念事实进行系统构建的方法。构建包括破和立两个维度。唯实方法比较可以用来破坏，同时也是用来重构和建设的方法，这就是唯实双构的两个维度。观念唯实主义对于历史进行唯实解构的目的并不在于破坏本身，而是在于唯实构建。所谓的唯实构建就是建立在事实性基础之上的系统构建。

观念唯实主义对于中国哲学史的构建同样包括破坏和建设两个维度。观念唯实主义对于观念事实的挖掘是其第一个层次，是"点"的层次。在诸多的点被澄清和正名之后，各个点之间就会相互联系，观念唯实主义于是自然地进入第二个层次，即"面"的层次。第二个层次集中于对观念事实之间的逻辑链条的分解，在逻辑分解的过程中发现新的线索，形成新的逻辑链条，发现新的意义。

唯实解构与西方后现代哲学的解构主义是完全不同的。为了避免混淆，这里需要对两者的本质分歧加以说明。

一、德里达的解构主义

德里达（Jacques Derrida，1930—2004）是西方解构主义的创建者，曾于20世纪七八十年代在西方哲学界掀起了解构主义热潮。

（一）解构主义的对象和目的

解构主义是西方哲学自我否定潮流的后现代表现形式。在西方思想界内部对西方哲学进行深刻的反省、批判和否定从 19 世纪中期便开始了，并且逐渐形成了潮流。马克思是对资本主义进行深刻揭露和批判的思想家，他的辩证唯物主义和历史唯物主义哲学从阶级斗争的角度否定了资本主义的方方面面，他将哲学划分为唯物主义和唯心主义两个阵营，并以此来分析西方哲学史。逻辑实证主义从科学实证的角度否定了西方传统形而上学的方法和价值，认为只有科学才具有价值，应该完全抛弃没有科学价值的形而上学。尼采从文化的角度全盘否定了西方文明，要"重估一切价值"。20 世纪初期的德国哲学家胡塞尔试图从认识论的角度推翻传统的形而上学。海德格尔从人的角度批判传统的形而上学，并且试图建立起新的以人为中心的形而上学。

出生于法属阿尔及利亚的犹太裔哲学家德里达继承了西方哲学的自我批判传统，要从文字学的角度来批判西方传统经典的可信性和权威性。德里达所批判的不仅是传统的哲学经典，也包括文学经典，具有普遍的反经典、反传统倾向。

（二）解构主义的内容

解构主义反对任何思想体系，可以说是为了反对而反对，为此解构主义也拒绝建立自己的思想体系，因此解构主义具有相当大的随机性。解构主义的基本方法是根据具体的文本就事论事地将其语义解剖，通过原著中关键词如柏拉图的药等以一词多义性来模糊其逻辑线条，最终斩断所有的逻辑线条，摧毁其结构，使其丧失人们之前所了解和理解的哲学和文学意义。

（三）德里达解构的可取之处

德里达的解构主义具有方法上的创新性，能发前人所未发。在德里达面前并不存在任何的权威，他对于西方哲学的批判最为彻底，可以说没有留下任何的余地和死角。

（四）德里达解构的致命缺陷

在具有可取性的同时，德里达解构主义的内在缺陷是十分明显和致命的。

1. 只破无立。

解构主义只破而无立，虽然德里达极力否定这一点，但是他的辩解无法改变解构主义只能破坏和批判而无法生成和建设的这个明显的事实。解构主义虽然宣称要最彻底地否定西方传统哲学，将传统的形而上学和经典著作变成一片废墟。能否变成废墟暂且不论，就是真的将其变成了废墟，德里达也根本无力在废墟之上建立起新的建筑物。有学者总结说，西方后现代哲学只负责诊断而不开药方，这可谓是一语中的。解构主义是这种有头无尾的思维方法的典型代表。

古今中外的哲学史的发展规律告诉我们，有破有立才能形成完善的哲学，哲学才能够发展，单纯的破坏是不完善的、不完整的，是不负责任的。它本身就暴露出了自身最大的缺陷，也暴露出了解构主义极度的不自信。

2. 没有固定的原则。

解构主义不提倡建立固定的原则，认为如果这样做便是重返到传统形而上学的老路上去了。解构主义因此也拒绝树立固定的原则和理念，德里达因此将其解构主义描述为幽灵学。这个提法是比较准确的，它暴露了解构主义的不自信性。幽灵是不愿见到阳光的，只能在幽暗的角落里游荡，解构主义以令人难以琢磨的形式作掩护，是为了掩盖在正面解决哲学命题方面的无能为力，而只能作为打打边鼓的"思维幽灵"游荡在正面的哲学之外。

德里达或许没有发现，不确立和不遵循任何固定的思维原则本身就是一种思维原则，是一种幼稚的和怪异的思维方法，与代表着人类思维最高级形态的哲学思维背道而驰。按照一定的思维原则进行系统的思维正是人类思维进步所要达到的高级阶段，更是哲学思维的本质方法。重要的不是要不要有固定的思维原则，而是要发现、建立和遵循什么样的思维原则，哲学的使命之一就是要不断地发现新的思维原则和方法论来指导人类的行为。在关于哲学本质的理解上，德里达似乎还没有触及到哲学的本质。

3. 对人类语言的误解。

解构主义从文字学和语义学的角度解剖经典哲学著作的语言逻辑，试图以一词多义性使传统哲学失去连贯性和可信性，从而摧毁传统哲学存在的必要性和逻辑基础，但是解构主义对于文字学和语义学的这种使用方法实际上是无法成立的。

语言是历史发展的产物，由于实践和沟通交流的需要，绝大多数单个的文字都是多义词，这是一种普遍的文字现象，也是作者从事写作的历史背景和语义学前提，任何作者都只能承接这种历史和语言的传统限制，而无法生活在真空中用一种"纯粹的"语言进行创作。作者写作的过程就是对文字内涵的限制性的选择过程，这也是语言使用的基本规律。哲学著作由于其高度的抽象性和逻辑性，其写作对文字的内涵的规定性更加严格和明显。因此要解释特定的文字在特定的哲学著作中的内涵必须首先接受作者对于关键词汇内涵的主动规定，并且按照他对于词义的选择、逻辑的设定和行文方式来理解他的思路和著作。只有在他违背了自己设定的逻辑、对关键文字的主动规定以及行文方式的情况下对该著作的文字学批判才能够成立。这种情况在哲学领域确实会时有发生，但是整个哲学思维并不会因为个别的偷换概念和逻辑混乱现象的出现而应该从根本上受到质疑和否定。同时，否定了作者对于词义选择和重组的合法性便否定了写作和读书的必要性，也就否定了人类交流的可能性。德里达则不接受作者对于特定文字特定的限制性的选择，而是从普遍意义上的一词多义性来挑战一个著作，这是对语言文字的使用的误解，是对于写作的不理解。因此，德里达的解构逻辑是不成立的。

二、解构主义不适用于哲学史领域

解构主义使用的是语义分析，针对的对象可以是任意一本书、一篇作品。在分析哲学著作时，它在一定程度上可以推导出哲学家在该作品中对某些词汇的真正语义，并据此推断出他的某些结论的真实内涵。也就是说，解构主义对于个别词和局部观念的本义的探讨有一定的作用。当解构主义将某个哲学经典著作的核心概念和观念作为解构对象时，可以起到"点穴"的作用，通过剥夺核心概念和观念的可靠性使整个哲学体系失去可信性。但是，对于具有系统的观点尤其是对于哲学体系，解构主义便无能为力了。这是因为一个庞大而逻辑严密的哲学体系包括一系列的核心概念和范畴，通过点穴法各个击破是个巨大的工程，而解构主义对于语义解析的唯一依赖性和对于推理的不信任使其只能依靠点穴法解构一个哲学体系。同时，解构主义本身就是非逻辑和反逻辑的，在个别点上的见解并不会有助于对另一本书中的词汇和概念的分析，这就使解构主义只能够将自己局限在个别的分析的藩篱之中，而无法也不屑于将各个点连成面，这样逻辑便不存在了，系统性和整体性的判断即综合的方法也便无从谈起了。这种只有点而无面的方法不能令人信服地摧毁一个思想深刻的哲学体系。

显而易见，既然解构主义无法完成摧毁的任务，重建便无从下手了。德里达的解构主义无论在破坏和建设的方面都存在着基本的逻辑障碍。

解构主义更多的是一种游戏，其乐趣在于对于成见的破坏，从逻辑学的标准来看，这种破坏或许可以是分析方法的一种。然而，哲学史的构建需要的不仅是对于具体的概念和范畴的分析，也需要按照逻辑规律形成体系性的、纵横交错的网络，是分析与综合的有机结合。缺失了综合方法的解构主义自然是不适合于哲学史的方法。

因此，无论从破还是立的维度上看，解构主义都无法解决哲学史的系统性和体系性问题，并不适用于哲学史。

第五章　哲学与价值观 ①

　　哲学史研究的最终目的正是要发掘出隐藏在各个观念事实、逻辑和理念背后的价值观。哲学观念的事实性是价值观的必要条件，价值观则是对哲学的观念事实性进行系统分析所要达到的目的。

　　从哲学史的角度呈现哲学的价值观与哲学家在构建价值时具有逆向性。哲学家在构建哲学思想和哲学体系时的步骤是先有内核后有外壳，是由内而外的生成过程。所谓的先有内核就是先形成特定的价值观，所谓的后有外壳就是围绕着价值观构建概念体系和通过某种方式在各种理念中加以表述。而对于哲学史的研究来说，这个过程要倒过来进行或者逆行，要打破各种外壳然后再深入进去以获取内核，即要首先从体现为概念体系和理念体系的观念事实入手，洞穿这些外壳，发现其逻辑，最后挖掘出它所要表达的价值观这个内核。

第一节　哲学的本质是价值观

　　虽然许多哲学甚至绝大多数的哲学对于事实性并不具有自觉性，然而是否具有事实性和具有怎样的事实性基础是哲学无法回

---

① 价值观与价值哲学的关系十分密切，价值哲学就是以价值为研究对象的哲学分支。价值哲学具有研究价值问题的自觉性，然而这种学术自觉性却是近现代才出现的哲学现象，在漫长的人类哲学史中，对于价值观的表述是在不自觉的状态下进行的。由于价值哲学在许多方面还处于探索阶段，本书侧重于对哲学史中的价值观的总结，也算是对价值哲学的一种探索。

避的首要的命题。同时，哲学的表现形式十分重要，体系性是哲学状态的高级表现形式。是否具有体系性、具有什么样的体系性和体系性的内在结构性是标志哲学的深刻度和成熟度的重要特征。事实性和体系性的成熟是哲学不可或缺的组成部分，它们是哲学价值观的前奏和准备，是哲学本质的地基。

但是必须明确的是，事实性和体系性虽然对于成熟和深刻的哲学不可或缺，决定哲学和哲学体系的本质却并不在于事实性和它的表现形态，而在于它所表达的思想观念，而思想观念最后的依托和最终的归宿则是价值观，也就是说最能够体现哲学本质的是其价值观。从哲学的内向性来看，价值观是哲学的灵魂，同时，任何哲学体系的灵魂也都是价值观。价值观是哲学的出发点和归宿，是哲学之所以产生、之所以具有存在的必要性的根本原因，是哲学能够不断获得发展的原动力。

虽然在相关性上各有不同，但是任何哲学思考的最终命题都会归结到人，包括作为人的组织载体的各种形式如国家、民族和文明等是否具有意义和如何选择生存方式和生存状态的问题；虽然在直接性上存在差别，但是任何哲学要解决的最终问题是人的价值和如何根据特定的价值观来规范人的行为的问题；虽然在自觉性上存在不同，但是这并不妨碍哲学从不同的层次和角度、利用不同的方法来探讨同一个问题，即价值观问题。

人的生存和行为本身就是价值观的命题，任何哲学都要根据对价值观的理解来解释人的存在价值，来规定相当于其他人和自然界的行为方式。有些哲学具有关注价值的自觉性，但大多数的哲学还缺乏价值的自觉性，但这并不会减弱哲学归根结底是关于价值观的规定性。不同的哲学在不同层次、从不同的视角、根据不同的原则和标准、采用不同的方法论探讨人类的价值观。尽管具有不同的领域和命题，具有鲜明的时代性和迥异的甚至对立和冲突的立场，哲学却终究是关于价值观的系统学说。形而上学是从宇宙和世界的本源和本质上来把握价值观的终极依据和出发点，政治哲学和历史哲学等是从国家行为的侧面把握价值观，伦理学是从个人的行为层次揭示价值观，美学关注的是各种艺术形式对于价值观的人物展示。

虽然人类的哲学史从一开始便在探究价值观问题，但是西方哲学史自觉地认识到哲学的这个本质的历史却很短。欧洲19世纪末期才由新康德主义的代表人德国哲学家文德尔班明确地将哲学的本质与价值观画上了等号。而近现代西方哲学的一些流派则还没有认识到哲学的本质在于价值观，仍然在提出各种各样的违反了哲学本质的"新的"关于哲学的观念。例如，维特根斯坦认为哲学是对于语言的分析，哲学没有存在的必要性，哲学应该由语言分析来替代。逻辑实证主义更是要用自然科学的方法来否定形而上学，否定哲学，认为形而上学和哲学的命题不符合自然科学的标准，是没有意义的伪命题，这显然是将哲学视为科学的一种，犯了泛科学主义的错误。

相比之下，中国哲学则具有早熟性，从其生成之初便将眼界牢牢地锁定在价值观上，将哲学视为是对价值观的思辨和探讨。最初的阴阳哲学、先秦哲学、董学和理学等代表中国古代哲学史的不同阶段，它们无不是围绕着价值观这个绝对的核心进行的哲学思考和探讨。虽然中国哲学与价值观具有天然的紧密性，并且强于对价值观的实用主义和现实主义的应用性，但是应该承认中国哲学对于哲学本质的自觉性的反思是较为薄弱的一环。

价值观是决定哲学属性的唯一标准。正是因为价值观的不同才会导致不同的哲学思想对同一个哲学范畴的理解不同，甚至产生体系性壁垒。先秦哲学之所以被划分为诸多的流派是因为它们代表不同的价值观，先秦哲学的百家争鸣就是不同的价值观和实现这些价值观的不同手段之间的争鸣。

在进行哲学思想和体系的比较时，即使它们之间存在个别理念上的相同性或者相似性，存在个别结论上的相同性或者相似性，存在个别概念体系甚至核心概念体系的相同性或者相似性，只要其价值观不同，那么这两个哲学就是本质上不同的哲学思想，属于不同的流派。两个哲学体系的差异程度取决于两者价值观上的差异程度。

决定哲学的是价值观，判断一个哲学流派归属的最高和最后的标准也是价值观。因此，研究哲学史也就是从各个层次和各个角度上理解一个哲学思想或者体系要表达的价值观，分析不同的价值观在哲学史中的地位和它们对于人类社会的冲击和影响。

在任何哲学体系中，价值观通过不同的方式在不同的领域加以表现，虽然明暗和关联性有所差异，但是价值观都是不同的哲学领域的主线和最终归宿。形而上学更多地涉及对世界和人生的整体和本源的看法，为价值观提供基本的逻辑线索和逻辑演绎方式，对于价值观具有宏观上的规定性。虽然许多哲学史上的价值观尤其是古代哲学并没有明确而系统的形而上学，但是这并不表明它们没有价值观，只是这样的价值观更为直接，还缺乏深入的哲学基础。建立在系统的形而上学基础之上的价值观由于具有更为强大的逻辑性和体系性，因此更具有说服力和生命力，这样的价值观具有向各个方向拓展的可能性，其中包括上升为意识形态的现实可能性。缺乏完善的形而上学基础的价值观更多地表现为伦理学，相比于前者其内在的逻辑张力是有限的。

而在其他具体的哲学领域，价值观则通过更直接的方式得以体现，价值观各种内在的规定性逐层得以表现。价值观本质上是关于人的利益的系统的判断标准，主要关乎人的各种主体（个人、阶级、国家、种族和文明等）的功利性辨别和取舍。价值观主导政治哲学（包括历史哲学和社会学等）、伦理学（个人伦理学和国家伦理学，后者与政治哲学在许多命题上有重复）和经济学。认为只有伦理学才是讨论价值观的领域是狭隘和错误的观点。

第二节 价值和价值观的定义

价值这个概念来自西方，在中国语境中它的出现要晚于价值范畴的出现。真、善、美、利等价值范畴早在先秦时期就出现了，而价值一词直到近代才出现。在中国哲学史上，价值一词由其他的名词来替代。张岱年认为，《孟子》中的"贵"就相当于价值一词[①]。显然，概念表现方式的不同并不妨碍中国哲学对于价值的探索。但是在人类哲学史上，价值这个至关重要的概念却至今仍然没有被普遍接受的定义[②]。

对于唯实主义来说，从哲学层面来看，价值就是意义。意义来源于相对于人的需要的功能。只有能够发生一定的功能，对于人和人类能够作出明显的影响的事物才具有意义，也才具有价值。因为功能是具有正负两极性的，有正的功能，也有负的功能。功能的两极性决定了价值具有对应性和两面性的内在特征，价值总是分为正面的价值和负面的价值。价值可以表现为善和恶、美与丑、好和坏等伦理的对应范畴，可以表现为有效与无效、有用与无用、有利与无利、得和失等功利性的对应范畴，也可以表现为正义和非正义、恰当和失当、合理和不合理等政治性的对应范畴。

价值是个在日常生活中应用得非常广泛甚至随意的名词，也在所有的学术领域都得以体现和应用，古今中外的学者也试图从

---

① 参见张岱年：《文化与价值》，新华出版社 2004 年版，第 184 页。《孟子·告子上》载："欲贵者，人之同心也。人人有贵于己者，弗思耳。"

② 参见孙伟平：《价值哲学方法论》，中国社会科学出版社 2008 年版，第 51—78 页。

不同的角度和层次对其进行分类。从对于人类行为的影响能力来看，价值可以分为主导性的价值和非指导性的价值。主导性价值是对于人类的行为能够产生重大的影响的价值。主导性价值可分为伦理价值、经济价值和政治价值三种基本的类型，非指导性价值包括科学价值、历史价值、美学价值、文化价值等，它们实际上都是主导性价值在不同领域内的组合、折射和反映。

伦理价值是个人自发性地处理各种社会关系中体现出的价值观。只要有人群存在就会存在各种交际关系，便会有伦理价值。血缘关系、婚姻制度、夫妻关系以及与其他部族的关系等都是人类与生俱来的人际交往，都是人类无法回避的价值观。

经济价值是对于经济利益的种类的确认和在获得经济利益的方式和方法中所体现出的价值观。人类的经济活动可以为人类提供生活资料，是人类生存的前提和基础，人类的发展水平的重要标准是经济活动的可持续性和创造价值的丰富性，经济活动的频繁自然会使人们对于经济活动产生自觉性的判断和选择，经济价值观便会应运而生。经济价值直接关系到人类能否存在和存在的方式，是人类最基本和最迫切的价值观，只要有人类存在就会有经济价值的观念。经济价值观直接关乎人们生活资料和生产资料的获得以及一个行为体／国家所采取的经济模式和经济水平。

政治价值是对于权力形态和国家形态的种类的确认和在获取政治利益过程中所采取的方式和方法中所体现出的价值观。政治价值是在人类发展到一定程度之后才会出现的价值观，与伦理价值观和经济价值观相比是最晚出现的一种，也是最复杂的一种。政治价值与权力息息相关，国家的产生意味着政治价值进入了成熟的阶段。政治价值关乎一个国家的政治制度和资源分配的方式和手段，关乎经济价值是否能够得到国家权力和法律的保护和保障。一个团体和国家的政治立场在很大程度上是其政治价值观和意识形态的浓缩和典型体现，而政治价值观是进行价值判断的核心要素。政治价值观是政党和派系形成和存在的基础。中国历史上的党争和西方代议制政府中的政党竞争在具体的政策之争的背后往往体现不同的政治价值观之间的博弈。

虽然伦理价值、经济价值和政治价值三种价值观之间存在着一定的独立性，但是这种独立性的空间相当狭小，也就是说它们之间存在着密切的逻辑关系，共同构成了一个政党、国家和民族的总体价值系统。意识形态就是以政治价值观为核心的总体价值系统，为一个国家的国家制度和行为方式提供哲学上的支撑。

虽然三种价值观在功能上缺一不可，但是它们的地位并不相同。最基本的价值是经济价值，它既塑造伦理价值又规定政治价值。伦理价值体现在人际交往中的规则，而这种规则与人们的生活方式息息相关，由于经济活动是人类生活方式最重要的要素，因此伦理价值在很大程度上体现着经济价值。农业社会的伦理价值观与植根于农业生产方式的经济价值观是相辅相成的关系，而西方自由主义的伦理价值观又是工业化经济的体现。

伦理价值与政治价值具有明确的逻辑关联，两者在很大程度上相互影响，甚至相互规定。伦理价值会影响和规定政治价值，将伦理学的价值观渗透和过渡到政治学领域是一种常见的方法，西方的基督教、阿拉伯的伊斯兰教以及中国的孔学和儒学便是如此。

虽然政治价值是为了保障经济价值而产生和存在的，但是政治价值的影响力和塑造力却是极其强大的。所谓的经济基础决定上层建筑只反映了两者关系的一个层面，政治价值和国家权力同样决定经济基础，在国家形态之内两者是相互决定的关系。国家权力所建立和保护的是对国家权力的掌握者有利或者是他们认为对于国家有利的经济体制和经济行为方式，为此他们会将大量的社会资源投入到这个经济体制的建设中去，而对于不利于其自身利益或者被他们认为不利于国家利益的经济体制不但不会不投入资源，反而会通过行政和法律等手段进行限制和打击，使其无法发展和存活。国家权力对于经济活动的决定作用同时也是政治价值对于经济价值的规定，是政治价值观和意识形态对于经济价值观的决定。国家权力对于伦理价值同样具有决定作用。国家权力所宣传和提倡的价值观是对国家和政权掌握者有利的价值观，是国家统治和管理社会的规则和方法，因此国家权力对于伦理价值具有强有力的影响力和塑造力。中国古代社会提倡重农轻商甚至重农抑商的政策，这就是国家权力对于经济价值观的一种强制性的规定。在此背景下，社会上自然出现重视农业和轻视商业、歧视商人的伦理价值观。受到国家提倡的、代表着农业经济的自由农是社会的主流阶层，是孕育社会精英的母体，而商人阶层则被纳入了下九流，与娼优同类，不仅科举的大门对其关闭，无法进入官僚阶层，甚至不允许与主流阶层的后代联姻。

　　一种新的价值观的兴起最初有可能表现为伦理价值、经济价值或者政治价值，但是它迟早会向其他利益渗透，形成总体的社会价值体系。董学的价值观首先是政治价值观，在成为意识形态之后完成了对国家权力的再塑造，通过皇权的推广和强化，董学的政治价值观最终演变成了新的伦理价值观，而以自由农为基础和核心的农业经济体制也受到了国家权力和法律的确认和保护，这些措施的成功实施重塑了中华文明，将其一再推向高潮。西方近代出现了工业化这样新的生产方式，率先产生了资本主义的经济价值，为了使这种新型的经济价值获得政治保障和不断将其扩大化，西方国家纷纷掀起了资产阶级改革和革命，经过近百年的斗争，资产阶级价值观终于变成了政治价值观，改变了国家权力的构成和形成方式，由代议制政府取代了封建世袭制，使西方文明呈现出了一个崭新的形态，这是由新的经济价值所带来的价值观革命而重塑了一个文明的典型事例。

价值观渗透于哲学的各个层次、层面和角落，从各个观点、理念和原则中得到表现，只是一些哲学如古代哲学对于价值观的表现是非自觉的。对于价值观的日趋明确的自觉性是哲学发展的趋势，现代哲学对于价值观的自觉性更导致了价值哲学的兴起，价值哲学已经成为一门独立的哲学领域，充满发展的潜力。

第三节　价值观与事实性

唯实主义认为，价值与价值观离不开事实性。离开了事实性，对于价值和价值观的研究不仅失去了逻辑的前提，也失去了哲学思辨的可行和可信的基础。因此，唯实主义对于价值哲学的构建具有重要意义，能够发挥不可或缺的奠基性功能。事实上，只有当唯实主义作为价值哲学的方法论的时候，价值哲学的自觉性构建才能够获得实在的基础和支点。

一、价值与事实性

唯实主义将使价值哲学摒弃神学、纯粹思辨和对于事实性的回避和否定，而去发现具有事实性本质的价值体系，从人的行为事实中发现价值和价值实现的方法。唯实主义将事实性作为价值构建的前提和基础，使价值与人的行为事实之间建立起了唯一可靠的逻辑对应关系，也就是说，关于价值的哲学思辨只有在事实性的基础之上进行演绎才是可靠的和可信的，才能够获得真正强大的生命力。

二、价值观与事实性

在价值观的历史研究中，观念唯实主义的唯实比较法是不可或缺的方法。对于哲学史中的价值观必须通过观念唯实主义加以挖掘，客观和公正地看待哲学史中的价值观表述，这是将哲学史研究纳入科学研究的一环。

三、价值观的内在规定性

价值观就是关于价值的系统的观念。对于价值观的历史研究属于哲学观念史的研究领域，是哲学史研究的重要主题和逻辑线索。然而，对于价值观的历史学研究还没有被纳入正统的哲学史，这是哲学史需要加以充实的一个重要领域。

根据标准的不同，价值观可以有不同的分类。如果按照行为的主体来划分，价值观可分为两种类型：神学和宗教的价值观和以人类为实体的价值观。神学和宗教的价值观以神灵和上帝为实体，只有它们才具有价值，而人本身并没有独立的价值，这种价值观虽然曾经是人类发展前期的压倒性的价值观，但是它们已经基本上退出了历史舞台，让位于以人类为实体的价值观。因此，我们今天研讨价值观是以人类为实体的价值观。

如果按照行为主体来划分，价值观可分为以个人为行为主体的价值观和以国家为主体的价值观；如果按照价值的生成方式来划分，价值观可以分为由内而外的价值观和由外而内的价值观；如果按照价值的内涵来划分，价值观可以分为道德主义的价值观和功利主义的价值观；如果按照与现实性的关系来划分，价值观可以分为理想主义的价值观和现实主义的价值观；如果按照价值的传播路径来划分，价值观可以分为自下而上的价值观和自上而下的价值观。价值的实现方式也各有不同，是体现不同价值观的重要方面。

（一）价值的生成：内向性与外向性

价值的生成问题所涉及的是价值的来源问题。对于价值观来说，价值的生成问题是首先要面对和解决的问题。

人类哲学史上的价值生成论主要有两个来源：分别为内向性和外向性。内向性的价值生成论认为人的价值来自于人的内在规定性，如心、性、愿望等；外向性的价值生成论认为人的价值来自于外在的规定性，如天、神、上帝等。价值的生成性决定价值的传播途径，内向性的价值观的传播途径是由内而外的，外向性的价值观的传播途径则是由外而内的。

内向性和外向性的价值生成论决定了价值观的出发点和基本走势，价值观的内涵和本质不可避免地要受到其影响。中国哲学史上的孔学认为人的价值是自我生成的，价值是自我赋予的，人的价值的原点是孝，孝外化为仁，一切道德皆由此而生成；宋明心学进一步从人的心性来挖掘和体会人的价值，这些都是内向性的价值生成论；西方的基督教等宗教以及中世纪的经院哲学认为人本身并没有价值，人的价值是上帝赋予的，这是外向性的价值生成论。

董学则另辟蹊径，认为人的价值与天是互动的，是天人合一的，人的价值来源于天，而天的价值又以人的价值为依据，将价值的内在性与外向性进行了统一和融合，形成了独特的天人合一的价值生成论。

（二）价值观的核心：个体主义与国家主义

价值的主体性关乎价值的核心，关乎对价值的原点、中心和归宿等命题的规定。对此，出现了个体主义和国家主义，它们体现了两种不同的价值观。

个体主义认为个人是价值的主体，价值以个人为核心，认为个人是价值的出发点、中心和最终的归宿，国家及其他形态的集团不应该凌驾于个人之上，不能为了国家利益而牺牲个人利益；与此相反，国家主义的价值观认为价值的主体性是国家，国家是价值的主体，以人在国家之下的整体性存在为核心，将个人视作国家中的一个分子，认为个人利益要服从于国家利益，国家价值高于个人价值。国家主义的价值观并不否认个人价值，只是强调国家是个人价值的必要依托，只有将个人价值融于国家价值和利益之中，个人价值才有意义，才能够得以实现，也就是说国家是实现个人价值的必要手段，没有国家的参与和帮助，个人价值是无法实现的。

作为哲学流派，个体主义和国家主义在中西方的哲学史中都有表现。宗教和神学外向性的价值观扩展到政治领域便是神权，而国家主义的政治思想则基本上都属于政治现实主义。两者在人类的历史进程和哲学史中都有体现，而在国家问题上尤其突出。

作为价值观和政治哲学的个体主义和国家主义所要解决的最根本的命题之一是个人与国家之间的关系，它们代表两种思潮，在个人和国家之间的关系上形成了两种截然不同的取向和定位。这个问题首先就是国家是否具有必要性的政治哲学命题，而任何对于国家权力的肯定都包含对于国家主义的肯定。国家的必要性已经在人类的政治行为和历史进程的实践中得到了解决，这个历史事实为国家主义的必要性提供了强大的支撑。在人类漫长的历史长河中，国家是几乎所有人类群体的共同选择，以国家的形态存在是人类存在的普遍方式，这已经成为人类历史的公理。但是在国家产生之后，许多人并没有在认知上理顺这个命题，以至于仍然存在着对个体主义与国家主义之间的相互关系的不同理解。而对于特定的国家形态，例如某些近代西方国家，这个命题也同样受到了扭曲性的理解，以至于无政府主义和极端个人主义曾经风行一时。

在先秦百家时期曾经出现过形形色色的个体主义思想。最典型的是杨朱的思想。孟子在总结杨朱的思想时说："杨子取为我，拔一毛而利天下，不为也"（《孟子·尽心上》）。庄子思想也是典型的个体主义思想。庄子主张脱离国家，以个体的身份在自然界中生活。杨朱和庄子的思想都是纯粹的个体主义思想，已经孕育出个人主义的明确倾向了。但是在先秦时期始终没有出现真正的个人主义思想。杨朱的观点是绝不为国家利益而牺牲一丝一毫的个人利益，但是他并没有主张要用个人利益代替国家利益，并没有否定国家的必要性。类似的，庄子主张回归自然，在大自然中实现自己的价值，但也没有提出为此而牺牲国家利益，他所追求的只是回避国家，不接受国家对于个人自由的各种束缚，而没有提出要与国家相对立的主张。

从逻辑上看，个体主义和国家主义并不是相互矛盾和对立的，在一定程度上两者表现为目的和手段之间的辩证关系。从本质上看，个体主义是价值的目的和归宿，国家主义是价值的手段和方式方法，国家主义一旦失去了个人价值和利益这个准星，利用国家权力来侵犯和践踏个人价值便会失去国家主义的合理性和责任感，便会误入歧途。既然个人价值要在国家利益的实现中获得实现，那就要真正赋予那些为了国家利益而作出了贡献和牺牲的人以个人价值。因此，国家主义的价值观在特定的历史时期是必要的和必需的，但是也要保持个人的自尊和维护个人价值，保持好国家利益与个人利益之间的平衡，否则以牺牲个人价值为代价的国家主义便难以获得持续性。

虽然从逻辑上看国家主义最终是要服从于个体主义，但是这个逻辑颇具有乌托邦主义的色彩，在现实中无法完全展开。事实上，在现实政治中两者的关系恰恰相反，个体主义往往要服从于国家主义。在现实政治中，国家主义的重要性和意义远远高于个体主义。国家主义代表着一个国家和民族的长远利益，而并不着眼于某些个人和集体的具体利益和眼前利益。也就是说，国家主义是实现个体主义的前提，失去了这个前提个体主义是无法立足的。从内向维度看，国家主义能够提供稳定的国内政治环境，代表国家利益分配各种资源；从外向维度看，国家主义能够代表（相对）稳定的国际性存在和在地缘政治中的有效参与，而个体是无法代表一个国家和民族的，无论在国际法上、文化上还是常识上都是如此。因此在国家的外向维度，只有国家没有个人，只有国家主义才是有效的政治原则。

在国家之间存在着激烈的竞争或者存在国内危机的情况下，特别是在战争时期，国家主义的重要性显得尤其突出。保家卫国是国家的责任，是国家主义的铁律，这是超越任何个人价值的，是形形色色的个体主义都无法削弱和替代的。国家主义代表纪律和牺牲，代表超越个人眼前利益的组织手段和行为方式，在战争和危机之时，国家主义不仅是维护和保障个人长远利益的有力屏障和保护伞，更是国家和民族存在的依托和希望。事实上，国家永远处于国家之间竞争的状态之下，永远存在着被其他国家冒犯和侵略的可能性，永远存在于战争的阴影之下，这赋予了国家主义以必要性和迫切性。

个体主义和国家主义的功能是不同的。国家主义可以成为个体主义的实现手段，个体主义却无法成为国家主义的实现手段，也无法成为个体主义本身的实现手段。在许多情况下，个体主义具有明显的乌托邦主义色彩，而与具体的政治和现实相脱离；而国家主义则是明确的政治现实主义，不仅与政治现实环环相扣，而且依靠政治现实才得以生成、生长和发展。在后续的《董学与孔学的正本清源》一书中，我们将看到以董学为代表的国家主义和以孔学为代表的个体主义之间的激烈碰撞和鲜明对比。

个体主义和国家主义之间的关系是辩证性的，同时也是零和式的，任何一方得到放大，另一方必然会缩小。而在现实政治中，只要国家存在便存在国家主义的必要性、必然性和迫切性，国家主义的重要性便会高于个体主义。在战争尤其是全面战争的状态下，国家主义会在意识形态、国家体制和国家行为上达到最大值，个体主义会为国家主义让路，达到最小值。极端个人主义和无政府主义强调的是要个人主义放大到最大值，这必然意味着国家主义被缩减到最小值，国家权力失去了存在的理由，这只会导致社会的混乱和国家失去自卫能力，面临受外国侵略和亡国灭种的危险，因此在现实政治中，极端个人主义和无政府主义是无法立足的。对于任何国家来说，没有强大的国家主义的前提而只强调近期和眼前利益的个体主义只能是镜花水月，无法在现实中得以实践。

在任何形式的国家体制的设立中，都要体现国家主义和个体主义之间的妥协、融合和协调，任何国家都无法以绝对的个体主义或者国家主义立足，将任何一种价值观简单化和极端化都是错误和危险的倾向，都必须加以防范和摒弃。而在人类历史上，却时时出现两个极端的倾向，这是我们需要注意区别和防范的。

先秦许多流派都试图兼顾个体主义和国家主义，试图在两者之间找到一个平衡点。老子强调自然，但是并不反对国家，而是主张小国寡民的状态，小国寡民实际上是在个体主义与国家主义之间的一种妥协。墨子主张兼爱，反对国家造成的种种不人道和不公平，他提出组建墨家团社，旨在抵御国家主义对于个人价值的侵害，通过这个新的人类组织实现国家主义和个体主义之间的平衡。孔学认为个人道德是价值的源泉，成为君子是个人价值的体现，而参与国家政治是实现个人价值的一种途径。虽然孔学奉行个体主义和自主性原则，但它也是要在国家主义和个体主义之间找到一个平衡点，这是中庸的一种体现。在先秦百家中，并没有将个人主义政治化的极端思想，极端个人主义和自由主义并没有出现。这点与西方的近现代思潮是不同的。

作为西方近现代文明核心的资本主义是个体主义的最高体现形式。资本主义最初是建立在个人的经济成功基础之上的，开始是作为国家体系之外的个人行为出现的，这些个人逐渐形成了资本主义阶级，形成了提倡个人利益和个人价值的自由主义的系统思想，其口号是"自由""平等"和"民主"等。在这些口号的影响下，个体主义从一个特定阶级和阶层的行为方式变成了一种社会思潮，再由一种社会思潮变成了自由主义的国家意识形态，再由国家意识形态体现为国家体制和国家政策。伦理学上的个人主义和意识形态上的自由主义成为西方近现代文明的核心价值观和国家意识形态。但是，这种个体主义和自由主义只表现在内向维度上，在外向维度西方国家的意识形态则是不折不扣的国家主义的行为方式。在征伐非西方文明国家时，不仅西方国家表现出极度的国家主义价值观，并且整个西方文明也作为一个统一的行为体来践行这种价值观。内向维度的个体主义和外向维度的国家主义在西方文明中得到了和谐的统一，这与中国文明一体化的国家主义是不同的。

当个体主义再向前迈进时，便会形成个人主义。个人主义就是将个体主义加以强化，不但要将个人的重要性和利益置于国家的重要性和利益之上，更要以牺牲国家利益为代价和手段获得个人利益，实现所谓的个人价值。非理性是个人主义的重要特征，它完全否定国家的必要性，对国家采取拒不合作的态度，甚至不惜采取各种程度的抵抗行为。个人主义产生于近代西方文明中，并且成为西方文明意识形态的重要价值观原则。

另一方面，当国家主义走向极端之后，便会形成独裁主义。

当国家本身变成一个独立的利益体时，掌握国家权力的特定阶级和利益集团不但丧失了个体主义的原则，也丧失了国家主义的原则，将个别人或者个别利益集团的利益置于国家和社会之上，通过政治压迫和暴力手段压制个体主义。作为皇权走向负面的一种极端形式，独裁主义在中国历史上曾经多次出现，中国历史上常见的暴君便是独裁主义的体现。中国历史上的独裁主义产生于失控了的或者被异化了的皇权主义。一些人在非法窃取了皇权之后，往往会异化皇权，将皇权极端化，以个人意志代替国家的意志，抛弃或者绕过正常的国家决策过程形成独裁，而别有用心的阴谋家和野心家还会通过外戚和宦官的身份非法利用皇权，同样会异化皇权，将其变成攫取私利的独裁。

（三）价值观的内涵：道德主义和功利主义

价值观的内涵回答的是价值的内在构成问题，这同时也是认定和判断价值的标准。道德主义和功利主义是关于这些命题的两种最基本的价值观的内涵。

道德主义认为价值的内涵只能是道德，只能通过道德来体现，道德是价值最重要的甚至唯一的标准，只有道德才能体现人的本质，才有资格成为衡量人的行为的标准，才是政治的最高原则；与此相反，功利主义则完全否定了道德是价值的唯一内涵和标准的观念，认为价值是利益，是物质性的、具体的和现实的，只有能够满足人的利益的事物和行为才有价值，也就是说价值只能是功利的。

道德主义和功利主义代表人类价值观的两极，它们不仅直接决定价值判断的过程和结论，也是对人类的行为方式产生极大影响的两种价值观。道德主义强调人类行为的道德性和崇高性，行为的价值和结果要用道德的标准加以衡量，功利主义则用具体的利益得失衡量行为的价值和结果，道德性被置于次要甚至可以忽

略的地位。狭隘的功利主义才将道德与功利对立起来，认为道德
只是功利的工具和装饰。虽然近现代西方的伦理学还有利己主义
等思想，但实际上利己主义与功利主义并没有本质上的差别，利
己主义可以看作是功利主义的一个类型。

孔学将道德主义推进到道德主体性的地步，道德成为孔学和
儒家判断一切事物的唯一和绝对的标准，将道德主义简单化和极
端化是儒家的本质特征，孔学和儒家思想因此变成了道德乌托邦
主义。与儒家相对立的是西方近现代的功利主义的价值观。功利
主义不仅是西方文明的一个伦理学流派，还是其意识形态的核心
支柱和指导性的行为原则和依据。西方文明将功利主义推向了极
端，使功利主义变成了赤裸裸的唯利是图和对于物质利益的无止
境的贪婪和攫取。由此可见，儒家的道德主体性和西方的绝对的
功利主义是人类价值观内涵的两个极端，都是不符合人类本性和
现实需求的价值观。

成熟的价值观是将道德主义和功利主义进行有机的结合，形
成一个和谐的、可以相互转化的系统。在融合价值观的道德主义
和功利主义方面，董学是十分成熟的。董学根据阴阳辩证法处理
道德主义和功利主义之间的关系，认为两者是相辅相成、可以相
互转化的，两者是一对阴阳范畴。董学重视道德，认为天的本质
是道德性的，人类的行为不可违背天，不可违背道德；但是董学
同时也强调功利，认为功利是实现道德的前提和基础，大一统的
实现必须仰赖功利的完成和实现。董学并没有将道德和功利对立
起来，变成相互排斥的关系，将两者置于非此即彼的对立和对抗
关系之中。可以说，董学是具有道德性的功利主义，也可以说是
具有功利性的道德主义。董学能够将两者有机地融合起来，将道
德融于对功利的追求之中，在对功利的追求过程中不践踏和违背
道德。

（四）价值观的定位：理想主义与现实主义

相对于现实性的不同立场体现着价值观的定位。价值定位的不同是价值观的重要规定性。价值定位表现为理想主义和现实主义两种基本的取向。

理想主义的价值观是建立在对现实性的部分或者全部的否定之上的，认为现实世界是不完美的，真正的和理想的价值并不存在于现实之中，而是存在于某种人为的预定之中，这种预定只能出现于未来。理想主义者会勾勒出一种未来世界的图景作为理想世界，通过预设的标准审视现实世界，其对于现实世界的评价自然都会是批判性的和否定性的。现实主义的价值观则认为价值是现实的、具体的和当下的，只有把握住了当下的现实才能够抓住价值，对于现实世界发生和存在的一切现象采取接受和重视的立场，力图加以控制和驾驭，而不相信主观的预定和未来的理想世界。

价值观的定位与价值观的内涵密切相关，道德主义者往往持理想主义的价值观，功利主义者则持现实主义的价值观。

理想主义代表希望，是人类必要的认知和存在方式。理想主义的价值观虽然在逻辑上往往并不成立，在表现形式上也比较不成熟，但是在不完美的现实面前它却能够唤起人们的激情，唤起对美好未来的憧憬，为了改变现实世界和达到理想世界而努力和奋斗。理想主义者的理想世界并非都是虚幻的，成熟的理想主义并不逃避和否定现实，甚至还会建立在现实主义基础之上。然而，当理想主义完全脱离了现实基础之后，便会变成乌托邦主义，未来的理想世界变成了虚幻的想象世界。在中国哲学史上存在着另一种虚幻理想主义，那就是孔学和儒家的道德乌托邦主义。孔学和先秦儒家完全回避和逃避现实，在社会发生巨大变动的历史时期不去探索富国强兵的现实之道，而试图用道德乌托邦主义来逃避春秋战国时期国家之间日趋激烈的竞争和战争状况，在政治上堕入无为主义。孔学和先秦儒学的道德乌托邦主义的主张自然受到了现实世界无数次的无情抛弃。

（五）实现价值的手段

对于价值观的核心、内涵和地位等命题的不同回答决定了不同的价值观具有不同的实现价值的手段。所有的价值观的理念最后都要落实到实现价值的手段这个步骤上，都要通过手段加以体现和实现。实现价值的手段既是哲学理念和认知与包括个人行为和国家行为在内的人类行为的最后的链接环节，是哲学理念与人类行为相对接的"最后一公里"，是人类行为本身，是哲学理念和意识形态决定和规定人类行为的直接表现。

1. 无为主义与有为主义。

无为主义和有为主义是两种不同的、典型的价值实现方式。道德主义的价值观与无为主义有不解之缘。道德主义逃避现实，认为道德是实现价值最重要的手段，这必定会导致行为上的无为主义。与此相反，现实主义和功利主义的价值观坚持有为主义的价值实现手段，认为只有针对现实的问题采取具体的行动才能够实现价值。

2. 自上而下和自下而上的方式。

价值实现的取向有自上而下和自下而上的两种方式。

自下而上的价值实现方式派生于个体主义，以个人为行为主体，将个人价值的实现置于首要的地位，而国家利益是个人价值的延伸和副产品。相反，自上而下的方式则来自于国家主义，将国家利益置于首要地位，将个人价值的实现融入国家利益的实现之中。

3. 关键的分歧点。

不同的价值观无论是对于价值本质的看法还是对于价值实现

方式的选择都是完全不同的，这些差异性在几个重要问题上表现得尤其突出。

（1）关于社会秩序的构建方式。

以个体主义为核心的价值观认为社会秩序的构建过程就是个人自我完善的过程，而自我完善只能依靠个体主动的努力，只能仰赖于个体性自觉的自我完善，国家是个人实现自身个体价值的媒介。这是孔学和儒家的观点。

国家主义的价值观则认为社会秩序的构建必须依靠国家权力这个最强大和有效的杠杆才能够建立起合理的社会秩序，国家是社会的枢纽，个人的价值必须和只能在实现国家利益的过程中才能够得以实现。这是董学的观点。

（2）战争观上的分歧。

理想主义的价值观认为战争是一无是处的恶行，要实现理想主义的价值就必须要彻底地否定战争，因此回避战争和逃避战争是理想主义价值观的明显特征。在战争与和平的问题上，理想主义的价值观往往表现为没有原则的和平主义。没有原则的和平主义者不会积极地应对战争，更不会为了赢得战争而进行有效的准备，缺乏阻止战争和赢得战争的理念、计划和手段。当战争的危险逼近之时，和平主义者往往妥协退让，对潜在的侵略者实行绥靖政策，不惜用利益来换暂时的和平和苟安。当战争爆发之后，失败、被屠戮和被宰割是和平主义唯一可以期盼的结局。从宋真宗开始，苟且偷安的和平主义便成为整个宋朝对外关系的基本国策，对于以武力劫掠财富的辽国、金国和蒙古国无不实行绥靖政策，不惜通过进贡来祈求苟安。而事实证明，和平主义政策不但无法阻止战争的到来，反而会加快全面失败的降临，加重妥协投降的屈辱感。

相反，积极的现实主义的价值观则认为战争是实现理想的有效手段，战争是无法逃避的，对待战争的有效手段是以战止战，在战争中打败侵略者，赢得战争。因此，积极的现实主义的价值观的信奉者往往能够为了阻止和赢得战争而制订近期和长远的计划，能够打造合理的战略和战术，当战争爆发时，他们能够有效地调动和组织国家资源，能够主动驾驭战争，并且最终赢得战争的胜利。汉武帝时期对于强大的匈奴的反击战堪称中国历史上积极防御战略的经典，战败了的匈奴铁骑不得不远遁西方，再也不敢冒犯中华。隋朝和唐朝也能够通过战争和外交的手段分化和瓦解强大的突厥帝国，为大唐盛世创造了外部条件。

第六章 意识形态与哲学史

哲学与意识形态的关系体现了一种哲学思想在社会、政治和历史上的功能，是衡量其在现实政治和历史进程中的地位的一个尺度。一种哲学思想与意识形态能否发生关系和发生何种关系也是反映它成功与否的一个标准。也可以说，如果说价值观是哲学的本质，那么哲学与意识形态的关系则是一种哲学的社会和政治功能及其历史贡献的体现。判断一种哲学思想的本质在于对其内在价值观的评判，而判断它在哲学史中的功能和影响力有两个标准：一是哲学观念史的标准，二是国家意识形态的标准。

在哲学观念史的层次上，哲学思想具有观念上的传承性，也具有思想和地位上的平等性。在哲学观念面前，所有的哲学家和思想家都是平等的，不存在时代、社会地位、地域、种族和性别上的差异。只要在哲学观念上作出了一定的贡献，自己的哲学思想具有一定的独创性和合理性，哲学观念史便会记录下这个哲学家的名字，他便可以在哲学史上留下他的印记，他的思想和生命便被赋予了超越生命的价值。这就是哲学作为人类思维的最高层次的魅力，也是哲学能够超越时空进行"超越式"的交流和发展的原因。

然而，在国家意识形态层次上，一种哲学思想的价值却要用强大的功能性及功利性加以体现，也就是说一种哲学思想相对于特定时期的国家意识形态处于何种地位决定它是否具有外化了的成功性。一种哲学思想可以在哲学观念史上留下痕迹，这并不等于说这个思想对于特定时期或者后来的国家行为具有影响力，而一种哲学思想要具有足以左右和影响国家行为的影响力，它就必须与国家权力发生关系，要么成为现存意识形态的组成部分，要么以革命者或者改革者的身份重塑国家意识形态。

第一节　意识形态的内在规定性

历史唯实主义和观念唯实主义关于意识形态的立场是唯实主义的一个要点。为了保持历史学和哲学史研究的客观性、公正性和科学性，唯实主义的立场是建立在非意识形态化原则之上的。为了进一步阐明非意识形态化原则，首先要理解意识形态的本质、表现形式、功能和构成。

一、意识形态的本质

意识形态就是国家制度和政策所遵循的最高政治原则及其哲学基础，是国家权力在制定国家形态时所依据的以政治价值观为核心的总体价值系统。也就是说，意识形态是一个国家官方的价值观念系统，以及对于实现这些价值观所采取的方式和手段的规范。意识形态是国家行为的认知基础和来源，是对国家的行为逻辑的结构化，是支撑国家行为模式的价值观、政治原则和哲学基础。

虽然意识形态这个名词直到 18 世纪末期才在法国出现，但是任何国家都具有一定的价值观基础和行为规范，因此都具有意识形态。欧洲中世纪的意识形态是基督教神学，近代西方文明的意识形态来自于英国哲学家约翰·洛克的自由主义哲学思想。中国古代文明在战国时期的意识形态可谓百花齐放，最成功和有效的是以商鞅为代表的商学流派。中国古代文明的意识形态在西汉的武帝时期找到了终极形态，从此在两千多年里基本上没有改变，这就是以董仲舒的思想即以董学为内核的哲学体系。

意识形态是一个国家官方的价值观，其内涵复杂和包罗万象，牵涉到国家行为的所有方面。意识形态可分为软性和硬性两种体制。硬性体制包括国家制度和法律体系等。软性体制是指受价值观统驭的思想工具，包括提供大众文化媒介传播和宣传的各种观点、理念和价值倾向等，其外在表现就是所谓的软实力。在信息传播手段高度发达和信息爆炸的当今时代，软实力已经成为体现一个国家的价值观和原则的重要手段。

二、意识形态的表现形式

意识形态是国家必不可少的构建，只要国家存在就一定会也必须要有意识形态，没有意识形态，国家是不会产生的。只是意识形态的表现形式具有多样性，人类文明初期的意识形态是宗教和神权，它们通过各种宗教仪式来加以体现，如祭天地、祭祖先、祭河神山神等，而并没有明确的成文的文献来加以明确规定。欧洲中世纪的基督教是意识形态，《圣经》就是国家意识形态，通过教皇进行解读，转化成国家行为的指引。中国古代的意识形态曾经通过"五经"加以表述，汉武帝确立的五经体现的是董学和公羊学的原则，但在汉武帝之后由于各种政治势力的博弈，非公羊学的典籍也被纳入了经典之列，五经的公羊学成分不断被淡化，五经作为意识形态的功能被逐渐削弱了。通过宪法规定国家意识形态是近现代以来的做法，由此，国家意识形态通过最高法律的形式加以明确地固定下来，使意识形态与国家形态的关系更加紧密了。

三、意识形态的功能

对国家行为进行系统性的规定和规范是意识形态的最本质的

功能。简单来说就是意识形态的功能在于指导国家行为。成熟的意识形态能够为国家行为设计出国家行为模式，使国家行为被置于模式化的认知体系之中。在人类文明经过几千年的发展、碰撞、选择和过滤之后，国家行为模式也呈现出了一定程度的普遍性。通过国家行为模式，意识形态的影响体现在国家行为的各个层次和侧面。意识形态决定国家是否和如何采取某种国家行为，意识形态规定国家行为的性质、方向、方式方法和分寸。

从根本上看，成熟的意识形态的功能就是决定国家的行为模式。国家行为模式是赋予国家行为具有模式化、规律性和可预见性的制度、法律和价值观，它既包括制度化了的制约和规定国家行为的国家制度和法律体系，也包括潜移默化中影响国家行为的文化、历史和政治传统。决定国家行为的制度化、法律化和文化要素背后的核心力量是意识形态。欧洲中世纪的国家行为模式是神权和世俗权力并存的二元制体制，近代西方的国家行为模式就是西方国家行为模式，阿拉伯文明的国家行为模式是伊斯兰神权模式。在中国的战国时期秦国的国家行为模式是最成功的，它是以商学为意识形态的商鞅模式。在西汉的武帝时期，中国传统文明发现了终极的国家行为模式，那就是以董学和公羊学为意识形态的公羊模式。

国家行为模式与国家制度是不同的。国家制度是具体的、具有多种形态的，国家行为模式则并不拘泥于国家制度的形态，而是强调国家行为的模式性和规律性。不同的国家制度可以采取相同的国家行为，具有相同的国家行为模式，每一种国家行为模式之下也包括多种国家制度形态。西方文明具有相同的国家行为模式，虽然西方国家采取的具体国家制度各不相同。英国采取的是君主立宪制，美国是总统制，意大利是议会制等，但是落实到国家行为，西方国家都是相同的，都是建立在依靠对外战争、掠夺和强制而获得其他国家的资源的基础上的行为方式。西方文明具有相同的国家行为模式是因为西方文明的意识形态和价值体系具有同一性，也就是说，具有同一性的意识形态和价值体系决定了西方国家具有同一性的国家行为模式。在公羊模式下，每个朝代的国家制度都有所不同，但是它们都属于公羊模式的不同版本。

虽然从表面上看，决定国家各项政策决策的直接因素来自国家制度和法律体系，但是由于国家制度和法律体系是国家意识形态的直接体现，因此从根本上看，国家意识形态是制定国家政策的依据，国家政策是国家意识形态的具体体现。

四、意识形态的构成

从意识形态的本质和功能上我们已经清楚地看清了意识形态的四个层次，即国家价值观、国家体制、国家法律和国家政策。这四个层次在不同的侧面体现意识形态。

（一）国家价值观

作为国家价值观的意识形态体现一个国家官方的是非观、伦理观和认知方式。虽然一个国家内部的价值观可能和可以具有多样性，但是国家的价值观则是政治上正确的价值观，是体现国家意志的认知。

（二）国家制度

意识形态决定国家制度的性质和形态，国家制度是意识形态的制度表现，也是国家行为模式的制度内容。任何国家都会建立起一整套国家结构作为履行国家权力的机构载体。建立什么样的国家机构，这些国家机构应该发挥何种职能和如何发挥各种职能则由意识形态来规定。意识形态决定国家制度的设计和制定，但是意识形态超越国家制度的具体形式。同一个意识形态可以具有多种国家制度的表现形式，可以通过不同的国家制度体现出来，而不同的国家制度可以表现出同一种意识形态，体现出同一种意识形态的原则和理念。

国家体制层次是价值观的原则和理念在国家制度上的反映，是通过国家制度体现出来的意识形态和价值观。英国采取的是君主立宪制，美国采取的是立法、行政、司法相对独立又相互制约的三权分立的国家体制，许多西方国家采取的是议会制，这些都是西方文明的意识形态在国家制度层次上的体现。

（三）国家法律体系

意识形态确立国家行为模式是通过国家最高的宪法和法律体系来实现的。意识形态不仅决定一个国家的法律的哲学基础，也直接决定国家法律体系的制定和实施。是一个国家的意识形态决定和规定一个国家的法律体系，而不是相反。

宪法是一个国家的最高的法律原则的总汇，是意识形态的最高体现，是法律化了的国家价值体系。法律决定国家制度，决定国家行为模式，是按照既定的国家行为模式采取特定的国家行为的最高法律保障。宪法的最高原则体现在众多具体的法律体系之内，例如刑法、经济法、选举法、行政法等。

（四）国家政策

国家通过制定各种具体的政策来实施意识形态的价值观。国家政策是意识形态的具体反映和体现。

国家政策是直接主导国家行为的指令，同时国家政策也是国家行为本身。国家政策是意识形态的具体化，意识形态和国家行为模式就是通过决定国家政策的制定来控制国家行为的。国家制度和国家法律体系的目的就是为将意识形态不折不扣地转化为国家政策和国家行为提供制度和法律的保障。

国家政策是意识形态的最低级和最具体的层次，也是最能够体现意识形态的生动性的层次。任何认知、价值观和体制只有体

现为具体的政策才具有生命力，才是现实的，才能够直接与国家
行为发生直接的联系，才能够指导国家行为。因此，国家政策是
动态的、具体的和最具活力的意识形态的表现方式。

第二节　哲学与意识形态

哲学和意识形态在功能上是不同的，但是两者又具有相互渗
透性和不可分割的关联性。意识形态归根结底也是一种哲学，只
不过是被国家权力政治化了的哲学，是国家的哲学。意识形态并
不会凭空产生，它是在哲学土壤的滋润中生成、发展、成熟和完
善的，没有哲学就不会有成熟和系统的意识形态，哲学的价值观
决定意识形态的价值观，哲学的特质也决定意识形态的特质。

一、新哲学与意识形态革命

哲学思想上的革命或者重大突破会导致价值观的革命，价值
观的革命会导致一个国家甚至文明形态的革命，而从价值观革命
向国家和文明形态革命转化和过渡的媒介就是意识形态。也就是
说，要深刻地改变一个国家和文明的本质，完成其转型，必须并
且只能通过意识形态这个媒介。而新哲学是新的意识形态到来的
先声。

有洞见的思想者首先会对时代的特征、本质和趋势提出具有
开创性的意见和理论，以"新"哲学的方式表达出来。这个阶段
的新哲学是自由的、自发性的、敏感的，也是非官方的。处于混
乱、危机和转型时期的国家和文明最容易产生新的哲学思想，新
哲学试图对混乱和危机进行深刻的认知，确定其发生的原因和本
质，并且试图提出化解危机的方案。当新哲学提出的方案被认为
是切中时弊，并且在经过社会行为和国家行为的实践检验之后而

被确认具有价值的时候，便会促使更多的思想家和哲学家沿着它的方向和思路进行更加深入和广泛的思考，思想的激烈交锋也会展开，新哲学便会逐渐成为社会思潮的主流。这个阶段的新哲学会变成主流哲学，便会获得与国家权力进行正面接触的机会。

开放的和开明的国家会主动地将新哲学中于国有利和有用的成分吸收到国家意识形态之中，丰富和校正现有的或模糊的或错误的意识形态，从而优化国家行为方式甚至国家行为模式。然而，新哲学与国家权力的接触往往以政治斗争的形式展开，人类历史上对于新哲学心平气和地接纳的例子并不多见。在西方文明中即使是在政治斗争较为理性平和的英国也是如此。英国以相对和平的方式为国家的政治体制带来了深刻的变革，也为英国能够顺利地成为人类历史上第一个世界性的帝国奠定了国内的制度基础，对于资本主义的确立和发展以及整个西方文明的历程都具有十分重要的意义。

保守的和麻木的国家会排斥新哲学，即使它已经变成了社会的主流思潮。这样的做法很可能将国家放在威胁和风险之中。如果这种新哲学是有生命力的，是符合社会中绝大多数或者最具有活力的阶层和阶级的利益的，国家靠强制的手段不可能彻底剿灭它，国家政权暂时性的胜利只会带来更加强烈的反作用力，革命甚至会成为表达新哲学的手段和方式。在西方最典型的例子无疑是法国大革命。路易王朝的保守和麻木最终被大革命的怒火所淹没。新哲学即启蒙运动的思想最初并非破坏性的、极端的和颠覆性的思潮，只是由于路易王朝的麻木和对它的压制才使它走到了国家的反面，最终演变为遍及全国的革命的力量。新哲学和新的政治势力不但没有被压制，反而以更极端的方式爆发了出来。法国路易王朝被自下而上的大规模民众暴乱和内战所湮灭。

二、新哲学变成意识形态的途径和方式

在古今中外历史的长河中，新哲学上升为国家意识形态的途径可分为自上而下和自下而上两种。

自上而下的意识形态转变是中国文明史上意识形态转变的主要方式。西周的宗法礼乐制度是新的统治集团在推翻商朝之后，主动制定并在国家推广的意识形态。这是在王朝战争即牧野之战之后在旧的国家体制和意识形态被完全击垮的情况下，通过重建的方式建立起来的一种新的意识形态。西汉的武帝将董仲舒的董学通过由皇帝引发的改革上升为国家意识形态是这种途径的又一典型实例。这次改革堪称一场具有历史意义的不流血的革命。这场意识形态的革命之所以能够进行得如此彻底和有效，其效果在中国历史上能够如此的持久，是与董学对于皇权主义和皇帝制度的论证和对新的国家体制的改革性的设计分不开的。中国古代的士人渴望明君，在很大程度上是希望要通过自上而下的方式使自己的思想和政策建议被采纳。旷世哲人董仲舒能够在晚年遇到旷世明君汉武帝可谓是十分幸运的。在动乱的年代，为了寻找明君，士人们可以向多名权贵献策，而经过多次寻找仍然遇不到明君，士人便面临两种选择，要么哀叹怀才不遇，哀老终生；要么奋起反抗，走自下而上的路径，唐朝末年的黄巢可谓是一个典型的例子。

在欧洲历史上则兼有两种途径，而以自下而上的途径为主。无论是英国的光荣革命、美国独立战争还是法国大革命，都是自下而上的途径。洛克的自由主义哲学最终被接纳为正统的国家意识形态也是反复政治斗争的结果。英国在光荣革命之后对自由主义哲学运动并没有进行严苛的政治迫害和压制，而是通过相对正面的互动来进行，英国的新旧势力的政治斗争没有转化为长期的内战和社会动乱，而只局限在一定时期和有限的社会阶层之内。

一旦新哲学与既有的意识形态发生冲突，斗争的性质便是不同的阶级和阶层之间的利益集团的较量，而不再是单纯的哲学理念之争了。法国的情况则更加复杂。在转型的初期是以法国大革命为形式的自下而上的大规模暴乱和内战来展开的，而在信奉自由主义的军事领袖拿破仑执政之后则进入了自上而下的有序转型的过程。19世纪西欧其他各国对英国模式的接纳和模仿则采取了自上而下的途径，虽然也发生过重大的内部纷争甚至爆发内战，但是持续的时间都相对短暂，国家没有因为国家行为模式的转型而陷入长久的分裂和动乱状态。

无论是自上而下还是自下而上都有一步到位和循序渐进两种方式。法国大革命追求的是一步到位的、革命的方式，虽然大革命并没有成功，但法国通过《拿破仑法典》还是基本上通过一步到位的方式完成了意识形态的转变。法国之所以能够采取一步到位的方式与英国为其开拓了道路、提供了经验和参照物直接相关。英国从17世纪便开始了自由主义的思想博弈，将自由主义的价值观转变为具体的国家体制的过程持续了两百多年。英国对自由主义的接纳是循序渐进的，其过程与代议制民主制度的政治实践和制度建设相适应，在一百多年的过程中基本上以和平的方式完成了自由主义对英国意识形态的控制。

第三节　意识形态的特征

意识形态体现的是国家意志和官方价值观，具有排他性和国家认知的特征。

一、意识形态具有排他性

并不是所有的新哲学和新思想都会成为国家意识形态的一部

分，能够成为国家意识形态的哲学思想只能是众多的哲学思想的一部分，并且常常是一小部分。只有那些能够代表具有战斗力的新兴阶级的利益，能够在政治博弈中获胜，或者对社会和国家有用而有利的哲学思想才能够最终被接纳为国家意识形态；那些具有破坏性的、不成熟的以及与时代精神、国家目的背道而驰的思想，那些不能代表具有活力的阶级的利益，以及无法有效地付诸国家行为的思想都无法被接纳为意识形态。国家对于意识形态的选择性实际上就是体现意识形态的排他性的过程。

一旦意识形态形成，它便与国家利益融为一体，变成了国家利益本身，成了既得利益的核心组成部分。这样，意识形态便会成为一种保守的思想和力量，具有了稳固性和防守性，在一段历史时期内不会发生重大变化，这种保守性也使意识形态具有排他性。在此情况下，绝大多数的哲学思想要与国家权力接轨并变成意识形态的一部分就不得不迎合既有的意识形态和国家权力意志。

二、意识形态是国家认知

虽然哲学与意识形态具有相互渗透性和不可分割性，在许多方面具有不可拆开的同一性，但两者的本质性的区别在于：意识形态是国家认知，而哲学不是。

基于意识形态的判断和决策是国家行为的一部分，它直接指导国家行为的筹划、发生和实施。而哲学则属于一个国家的文化范畴，是意识形态的文化支撑和来源，虽然它可以在不同程度上影响国家认知，但毕竟不是国家认知，与国家行为不会发生直接的关系。

一个国家的文化是丰富的，哲学思想具有多样性，但是作为国家认知的意识形态却具有唯一性，如果不存在现有意识形态无法全面解决的严重危机，那么意识形态便会始终是封闭性的和极端保守的。

第四节　意识形态的哲学史意义

意识形态对于历史学和哲学史具有极其深刻的塑造力和深远的影响力，在许多方面和时刻甚至决定它们的内容、构成和性质，对于中华传统文明来说尤其如此。

一、意识形态是哲学功能的最高境界

对于世俗哲学来说，哲学的意义在于发现人生的价值，哲学的功能是对人的行为方式进行指导以便发现和实现人生的价值。哲学的意义可分为个体层面和国家层面。个体性的哲学认为人生的价值在于人的自然属性，人的理想的生活状态是回归自然，为了实现人生的价值，随意性或者自由便成为个体性哲学的重要指标。然而个体性哲学具有相对性和有限性，人在自然界中固然可以获得更多的随意性或者自由，更能够根据自己的意志来安排自己的生存状态和生活方式，但是他的价值也仅在于自己的生命，对于其他人来说则并没有价值可言，哲学的功能在此被最小化了。况且所谓的回归自然仍然无法与社会和国家绝缘，他的生命和生活仍然要依靠社会性和国家来维持，任何人都不可能彻底与社会和国家绝缘，都不可能恢复和保持完全的动物性。

对于人的存在来说，社会和政治能够带来更大的价值。对于哲学来说同样如此。只有对国家的存在和人类的生存作出了巨大的影响的哲学才具有真正的价值，才能够将其功能和影响力最大化。因此，哲学的功能，尤其对于政治哲学来说，在于能够与国家权力相结合，在于指导国家行为，这才是哲学的最大意义，也

是哲学的最高境界。

二、意识形态是决定一种哲学的历史地位的分水岭

对国家行为的现实影响是比较和评价不同哲学体系和理论思想的一个重要的视角、维度和标准。意识形态对于哲学思想之所以重要是因为它关联到一种哲学体系是否具有建设性、是否会形成广泛的社会影响和是否具有现实的有效性。

从哲学史的角度看，一种哲学思想和哲学体系相对于意识形态的关系是一个极其重要的标准，对于以政治哲学为主体的中国哲学史来说这个标准尤为重要。一种对国家行为产生巨大积极影响的哲学思想必然会被国家意识形态所吸收，成为其一部分。而如果无法影响国家意识形态，那么这种哲学思想便无法对国家行为产生明显的影响。

显然，一种不被社会和国家接受的思想和理论是没有现实意义和实际价值的主张，而相比之下能够被国家接受，并且能够对社会产生积极和正面影响的哲学思想和理论是具有现实意义和发挥出实际功能的主张，这个差异本身便体现了不同种哲学思想和理论的不同种价值和质量。

三、一种哲学相对于意识形态的定位是哲学史研究的一个焦点问题

哲学史是纯粹的学术领域，是哲学和历史学的交叉学科。由于国家权力对于哲学和历史都十分关注和"关照"，哲学史也受到了同样的待遇。任何国家、王朝和政权都会希望从这些领域中发掘出其正统性和合法性的依据，都会声称自己是历史的必然。因此哲学史一直是政治性很强的领域，是具有高度政治敏感性的学科。而作为回应，如何处理国家权力的关照对于哲学史研究来

说便成为一个焦点问题。

唯实主义主张非意识形态化，不仅要在历史学的范畴内厘清意识形态对于哲学史的影响和干预，也要在现实的学术研究中保持政治中立，争取最大限度地获得独立性，这是唯实主义的一个基本原则和立场。

唯实主义以事实性为核心，对于历史事实和观念事实的尊重和坚守是唯实主义的最高原则。因此，唯实主义并不是对意识形态采取回避甚至敌视和抵抗的态度，相反，唯实主义将意识形态纳入了哲学史研究的领域之中，将其视为最重要的命题之一。同时，非意识形态化并不是对意识形态抱有人为的敌意或者将意识形态妖魔化，只要是建立在事实性基础之上的观念，无论它是不是意识形态的一部分，唯实主义都会正视、采纳和接受。

参考书目

中文：

（东汉）班固：《汉书》，中州古籍出版社 1996 年版。

陈戍国：《春秋左传校注》（上、下），岳麓书社 2006 年版。

《礼记校注》，岳麓书社 2004 年版。

承载撰：《春秋穀梁传译注》，上海古籍出版社 2004 年版。

（战国）韩非：《韩非子校注》，张觉校注，岳麓书社 2006 年版。

（南朝宋）范晔：《后汉书》，浙江古籍出版社 2000 年版。

金永译解：《周易》，重庆出版集团 / 重庆出版社 2006 年版。

李民、王健：《尚书译注》，上海古籍出版社 2004 年版。

李泽厚：《论语今读》，生活·读书·新知三联书店 2004 年版。

（汉）陆贾撰：《新语校注》，王利器校注，中华书局 1986 年版。

（汉）贾谊撰：《新书校注》，阎振益、钟夏校注，中华书局 2000 年版。

（战国）墨子：《墨子集诂》（上、下册），王焕镳撰，上海古籍出版社 2005 年版。

（战国）商鞅：《商君书校注》，张觉校注，岳麓书社 2006 年版。

（战国）尸佼：《尸子译注》，（清）汪继培辑，朱海雷撰，上海古籍出版社 2006 年版。

（西汉）司马迁：《史记》，浙江古籍出版社 2000 年版。

王利器校注：《盐铁论校注》（上、下），中华书局 1992 年版。

王受宽撰：《孝经译注》，上海古籍出版社 2004 年版。

王维堤、唐书文撰：《春秋公羊传译注》，上海古籍出版社 2005 年版。

（战国）荀子：《荀子校注》，张觉校注，岳麓书社 2006 年版。

杨天宇：《仪礼译注》，上海古籍出版社 2004 年版。

《周礼译注》，上海古籍出版社 2004 年版。

钟肇鹏主编：《春秋繁露校释》（校补本）（上、下），河北人民出版社 2005 年版。

（宋）朱熹撰：《四书章句集注》，中华书局 1983 年版。

张玉春等译注：《吕氏春秋译注》（上、下），黑龙江人民出版社 2003 年版。

（战国）庄子：《庄子译注》，杨柳桥撰，上海古籍出版社 2006 年版。

蔡尚思：《中国思想研究法》，上海古籍出版社 2013 年版。

陈祖武、朱彤窗：《乾嘉学派研究》，河北人民出版社 2007 年版。

丁四新：《楚竹书与汉帛书周易校注》，上海古籍出版社 2011 年版。

丁四新主编：《楚地简帛思想研究（三）——"新出楚简国际学术研讨会"论文集》，湖北长江出版集团/湖北教育出版社 2007 年版。

杜维运：《史学方法论》，北京大学出版社 2006 年版。

傅斯年：《史学方法导论》，中国人民大学出版社 2009 年版。

郭沫若：《中国古代社会研究》（外二种），河北教育出版社 2004 年版。

《中国古代社会研究》，河北教育出版社 2004 年版。

何介钧：《马王堆汉墓》，文物出版社 2004 年版。

方光华：《中国古代本体思想史稿》，中国社会科学出版社 2005 年版。

胡适：《胡适选集》，欧阳哲生编，吉林人民出版社 2005 年版。

华东师范大学哲学系逻辑学教研室编：《形式逻辑》，华东师范大学出版社 2009 年版。

冯时：《中国天文考古学》，中国社会科学出版社 2007 年版。

冯友兰：《冯友兰自选集》，首都师范大学出版社 2008 年版。

《中国哲学简史》，新世界出版社 2004 年版。

《中国哲学史》（上、下），重庆出版集团 / 重庆出版社 2009 年版。

蒋国宝主编：《多元价值审视下的中国哲学》，时代出版传媒股份有限公司 / 安徽人民出版社 2012 年版。

金岳霖主编：《形式逻辑》（重版），人民出版社 2006 年版。

李零：《郭店楚简校读记》（增订本），中国人民大学出版社 2007 年版。

梁启超：《中国历史研究法》，凤凰出版传媒集团、江苏文艺出版社 2008 年版。

梁漱溟：《东西文化及其哲学》，上海世纪出版集团 2006 年版。

孙伟平：《价值哲学方法论》，中国社会科学出版社 2008 年版。

吾淳：《中国哲学的起源》，上海人民出版社 2010 年版。

［美］希拉里·普特南著，应奇译：《事实与价值二分法的崩溃》（ *The Collapse of the Fact/Value Dichotomy* ），东方出版社 2006 年版。

王永建:《全祖望评传》(上、下),南京大学出版社 2011年版。

王国维:《观堂集林》(上、下册),中华书局 1959 年版。

周锡山编校:《王国维集》(全四册),中国社会科学出版社 2008 年版。

杨国荣:《实证主义与中国近代哲学》,华东师范大学出版社 2009 年版。

张岱年等著,苑淑娅编:《中国观念史》,中州古籍出版社 2005 年版。

张岱年主编:《中国哲学发展史》,人民出版社 1985 年版。

英文:

Aristotle, *Politics*, Oxford University Press, 1995.

The Categories, Random House, 1941.

The Metaphysics, Penguin Books, 1998.

Ayer, Alfred J., *Language, Truth and Logic*, Weidenfeld and Nicholson Ltd.,1955.

Clausewitz, Carl von , *On War*, Wordsworth Editions Limited, 1997.

Constant, Benjamin, *Political Writings*, Cambridge University Press, 1988.

Descartes, *Key Philosophical Writings*, Translated by Elisabeth S. Haldane & G R T Ross, Wordsworth Editions Limited,1997.

Downs, Anthony, *An Economic Theory of Democracy*, Pearson Education,1959.

Durant, Will and Ariel, *The Lessons of History*, Simon & Schuster,1996.

Freud, Sigmund, *Totem and Taboo*, Routledge Classics, 2001.

Civilization and its Discontents, Penguin Books, 2004.

Goodman, Nelson, *Fact, Fiction, And Forecast*, Harvard University Press,1983.

Hampsher–Monk & Iain, *A History of Modern Political Thought: Major Political Thinkers from Hobbes to Marx*, Blackwell Publishing,1993.

Heidegger,Martin, *Being and Time*, translated from German into English by John Macquarrie & *Introduction to Metaphysics,* English Translation by Gregory Fried and Richard Polt, Yale University Press, 2000.

Hobbes, Thomas, *Leviathan*, W · W · Norton & Company , Inc.,1997.

Holt, Edwin B., etc, *The New Realism: Cooperative Studies in Philosophy*, McMillan Publishing Co.,1912.

Hume, David, *An Enquiry Concerning Human Understanding*, Dover Publications, 2004.

A Treatise Of Human Nature, Everyman Paperbacks, 2003.

Kant, Immanuel, *Critique of Pure Reason*, Hackett Publishing Company, Inc., 1996.

Li Xueqin, *Chinese Bronzes: A General Introduction*, Foreign Languages Press, 2007.

Locke, John, *Two Treatises of Government*, Cambridge University Press, 1988.

Robinson, Edward, HarperSanFrancisco, *An Essay Concerning Human Understanding*, Penguin Books, 2004.

Machiavelli,Niccolo, *The Prince*, English translation by Harvey C.

Mansfield, Jr , The University of Chicago Press,1985.

Mclellan, David, *Ideology*, The McGraw–Hill Companies,1996.

Mill, John Stuart, *Considerations on Representative Government*, George Routledge & Sons Ltd, 1905.

Utilitarianism, Fontana Press,1962.

Owen, Robert, *A New View of Society and Other Writings*, Penguin Books,1991.

Plato, *The Republic*, Penguin Classics, 2003.

Politis, Vasilis, *Aristotle and The Metaphysics*, Routledge, 2004.

Popper, Karl, *The Poverty of Historicism*, Routledge,2010.

Ricardo, David, *The Principles of Political Economy and Taxation*, Dover Publishing Incorporation, 2004.

Rousseau, Jean–Jacques, *The Social Contract*, Penguin Books, 1968.

Russell, Bertrand, *The History of Western Philosophy*, Simon & Schuster,1972.

The Wisdom of the West, Simon & Schuster,1979.

Sartre,Jean–Paul, *Colonialism and Neocolonialism*,Routledge, 2006.

Smith, Adam, *The Wealth of Nations,* Penguin Classics, 1999.

The Theory of Moral Sentiments, Oxford University Press,1976.

Wittgenstein,Ludwig, *Tractatus Logico-Philosophicus,* English Translation by C.K. Ogden, Routledge & Kegan Paul Ltd.,1955.

Robert M. Burns & Hugh Rayment–Pickard edit, *Philosophies of History: From Enlightenment to Postmodernity,* Blackwell Publishers,2000.

Richard Kraut, edit., *The Cambridge Companion to Plato*, Cambridge University Press,1992.

Hans Sluga and David Stern, edit., *The Cambridge Companion to Wittgenstein*, Cambridge University Press,1999.

Frederick C. Beiser, edit., *The Cambridge Companion to Hegel*, Cambridge University Press, 1993.

A. A. Lang, *Early Greek Philosophy*, edit., Cambridge University Press,1999.